INSEL|TRIP

Rømø und Fanø

Zeichenerklärung

★★★ nicht verpassen
★★ besonders sehenswert
★ wichtig für speziell interessierte Besucher

[A1] Planquadrat im Kartenmaterial. Orte ohne diese Angabe liegen außerhalb unserer Karten. Ihre Lage kann aber wie die von allen Ortsmarken mithilfe der begleitenden Web-App angezeigt werden (s. S. 143).

Kartenverzeichnis

◁ Markant: Windmühle ㉘ von Sønderho (Abb.: 010rf-cl)

Benutzungshinweise

Orientierungssystem

Die in den folgenden Kapiteln beschriebenen Attraktionen sind mit einer **fortlaufenden magentafarbenen Nummer** gekennzeichnet, die sich als Ortsmarke im Faltplan oder Detailplan wiederfindet. Steht die Nummer im Fließtext, verweist sie auf die Beschreibung dieser Attraktion.

Die Angabe in **eckigen Klammern** verweist auf das Planquadrat im Faltplan oder auf den Detailplan (römische Ziffer). Beispiele:

1 Lakolk Strand ★★★ [B5]
16 Nordby Kirke ★★★ [II]

Alle weiteren Points of Interest wie Unterkünfte, Restaurants oder Cafés sind mit einer Nummer in **spitzen Klammern** versehen. Anhand dieser eindeutigen Nummer können die Orte in unserer speziell aufbereiteten Web-App unter www.reise-know-how.de/inseltrip/roemoe17 lokalisiert werden (s. S. 143). Beispiel:

› **Havneby Kro** €€ <007>

Beginnen die Points of Interest mit einem **farbigen Quadrat,** so sind sie zusätzlich in den Detailplänen eingezeichnet:

■ **Aroma** €-€€ <046>

Preiskategorien

Restaurants

Die Preise gelten für ein Hauptgericht ohne Getränke.

€	bis 100 dkr (ca. 13 €)
€€	100–200 dkr (ca. 13–27 €)
€€€	über 200 dkr (ca. 27 €)

Hotels

Die Preiskategorien beziehen sich auf die Hauptsaison von Juni bis August und gelten für ein Doppelzimmer pro Nacht bzw. für eine Ferienwohnung für zwei Personen pro Nacht.

€	unter 600 dkr (ca. 80 €)
€€	600–1000 dkr (ca. 80–135 €)
€€€	über 1000 dkr (ca. 135 €)

Vorwahlen

› **Dänemark:** +45
› **Deutschland:** +49
› **Österreich:** +43
› **Schweiz:** +41

Auf Rømø und Fanø gibt es **keine Ortsvorwahlen,** es muss lediglich die achtstellige Rufnummer gewählt werden (ohne 0 davor).

Meine Lieblingsorte

Høstbjerg, Rømø [ci] 4

Eine der höchsten Erhebungen Rømøs in der Tvismark Plantage bietet einen Traumblick über endlose Heideflächen in leuchtenden Farben, windschiefe Kiefern, den Rømø-Damm und das weite Juvre Sand im Norden. Steht man allein auf 19 Metern Höhe, meint man, die Stille ringsum fast hören zu können (s. S. 39).

001rf-cl

002rf-cl

5 Kommandørgården, Rømø [ch]

In dem reetgedeckten Haus lebten im 18. Jh. Kommandeure, die von Rømø aus zum Walfang nach Grönland aufbrachen. Wie Menschen damals auf der Insel lebten, wird anhand von Schautafeln deutlich. Schreitet man durch die Räume, hat man das Gefühl, eine Zeitmaschine zu betreten. In der Scheune ist zudem das gigantische Skelett eines auf der Insel gestrandeten Pottwals ausgestellt (s. S. 39).

Fanø Bad [B4] 18

Hier begann 1892 die Blütezeit der dänischen Kurhotels, von der noch einige alte Villen zwischen den Dünen zeugen. Der mehrere Hundert Meter breite und zwölf Kilometer lange Sandstrand scheint erst am Horizont zu enden. Nach einer stürmischen Nacht kann man am Strand auf Beutefang gehen: Mit etwas Glück wurde reichlich Bernstein angeschwemmt (s. S. 68).

003rf-cl

004rf-cl

21 Sønderho, Fanø [D8]

Mit seinen reetgedeckten Fachwerkhäusern aus dem 18. Jh. und der malerischen Dünenlandschaft zählt der Ort an der Südspitze Fanøs zu den schönsten in Dänemark. Im 19. Jh. zog es wegen des einzigartigen Lichts und der verlockenden Motive viele Maler hierher, deren Werke im örtlichen Kunstmuseum 24 ausgestellt sind (s. S. 71).

Liebe Grüße ...

005rf-cl

... von der Wattwanderung

Krebse schleichen an mir vorbei, Wattwürmer produzieren in Sekundenschnelle Haufen, die wie Spaghettieis aussehen, Herzmuscheln und Turmschnecken ragen aus dem feuchten Boden und hin und wieder finde ich eine Auster. Über mir kreischen Seevögel, für die das Watt einen reich gedeckten Tisch bereithält. Eine gigantische Matschlandschaft liegt vor mir (s. S. 60 und S. 81)!

... aus dem Hattesgaard Cafe auf Rømø

Ich sitze im wohl gemütlichsten Café der Insel, trinke frisch gemahlenen Kaffee mit Haselnussaroma und bin umgeben von Antiquitäten, kunterbuntem Trödel und einem Hauch Nostalgie, denn das Café logiert in einem der ältesten Höfe Rømøs, auf dem über Generationen hinweg Walfangkapitäne wohnten. Von der Terrasse aus habe ich einen fantastischen Blick über das Wattenmeer (s. S. 50).

006rf-cl

007rf-cl

... vom Radweg nach Sønderho

15 Kilometer sind es von Fanø Bad 18 bis zum Kunstmuseum 24 in Sønderho. Und das mit einem alten, klapprigen Dreigangrad aus dem Ferienhaus! Anfangs bin ich skeptisch, aber auf dem durchgehenden Radweg mit nur minimalen Steigungen zwischen Wäldern und Heide radelt es sich leicht und schnell. Herrlich, diese endlose Weite und die salzige Luft, die vom Meer herüberweht! Ich könnte ewig weiterradeln.

... aus Victoria's Palace auf Fanø

Es ist, als hätte mich eine Zeitmaschine ins Fanø Bad des frühen 20. Jh. katapultiert – damals war der Ort ein mondänes Seebad und zahlreiche prächtige Strandvillen standen inmitten der Dünen. Das Museumscafé Victoria's Palace 19 am Standort des einstigen Kurhotels steckt voller eindrucksvoller Relikte von anno dazumal (s. S. 70).

047rf-cl

Rømø und Fanø

Rømø und Fanø – zwei ungleiche Schwestern. Was die eine nicht hat, hat die andere. Einiges jedoch haben sie gemeinsam: das Watt, endlos weite Sandstrände, Dünen, Heidewälder und natürlich ihren eigenen Charme.

Rømø ist die größere der beiden und dank des Rømø-Damms, der sie mit dem Festland verbindet, die einzige Wattenmeerinsel an der Nordseeküste, die jederzeit mit dem Auto erreichbar ist. Nur etwa 600 Einwohner zählt das 129 Quadratkilometer große Eiland. Nur zum Vergleich: Auf dem benachbarten, deutlich kleineren Sylt leben etwa 18.000 Menschen. Wer auf Rømø Einsamkeit sucht, findet sie garantiert – ob am Strand oder in der üppigen Heidelandschaft in der Inselmitte. Auch in der Hochsaison. Klassische Ortschaften mit einem geschlossenen Kern sucht man hier vergebens, dafür gibt es Strand, so weit das Auge reicht. Zum Glück kann man diesen mit dem Auto befahren, denn sonst wäre es ein ganz schön langer Fußmarsch über den Sand zum Wasser. Aber Vorsicht! Je näher man sich bei Ebbe mit dem Auto dem Wasser nähert, desto weicher ist der Sand – und in Nullkommanichts steckt man fest.

Im Gegensatz zu Rømø besitzt das nur 55 Quadratkilometer große Fanø mit dem Hauptort Nordby und der belebten Einkaufsstraße Hovedgaden ein fast schon urbanes Flair. Hier hat man beides: städtische Infrastruktur in Form von Cafés, Restaurants und Shoppingmöglichkeiten und gleichzeitig reichlich Natur im Sinne eines gigantischen Strandes und Heidelandschaft. Der Strand ist so lang und weit, dass hier garantiert jeder sein privates, ruhiges Plätzchen im Sand, in den Dünen oder im Wasser findet.

Wenn ich auf Fanø oder Rømø auf einer hohen Düne stehe und meinen Blick über den Sandstrand schweifen lasse, welcher sich am Horizont in der Brandung der See verliert, bin ich immer wieder fasziniert von dieser endlos scheinenden Weite.

Die Autorin

Journalistin und Dänemark-Fan **Cornelia Lohs** hat im September 2014 in Tønder ihren amerikanischen Lebensgefährten geheiratet und während des Aufenthaltes dort die beiden Inseln Rømø und Fanø kennengelernt. Seitdem war sie immer wieder auf den Inseln, die sie inzwischen in- und auswendig kennt. Die Heidelberger Autorin schreibt und fotografiert in den Bereichen Reise und Lifestyle für Print- und Onlinemedien in Deutschland, Österreich und der Schweiz. Im Reise Know-How Verlag ist bisher ihr „InselTrip Bornholm“ erschienen.

009rf-cl

URLAUBSZIEL RØMØ UND FANØ

013rf-cl

Rømø ist die südlichste und Fanø die nördlichste **dänische Wattenmeerinsel.** Lediglich eine Autostunde und zwölf Fahrminuten auf dem Wasser trennen die beiden Inseln, die sich perfekt ergänzen: Was man auf der einen vermisst, findet man auf der anderen. Für **Strandaktivitäten** und **Wassersport** sind allerdings beide Eilande gleichermaßen prädestiniert. Und noch etwas haben sie gemeinsam: Auf beiden Inseln ticken die Uhren langsamer. Zumindest stellt sich dieses Gefühl ein, sobald man den **Rømø-Damm** mit dem Auto überquert hat oder die **Fähre ab Esbjerg** 29 verlässt (Details s. Anreise, S. 122).

Rømø liegt drei Kilometer nördlich von **Sylt** (s. S. 117) und gilt als deren dänische Schwesterinsel. Da Rømø durch den bereits erwähnten Rømø-Damm mit dem Festland verbunden ist, wählen viele Sylt-Urlauber den Anreiseweg über Rømø und setzen von dort mit der Fähre nach Sylt über.

Rømø ist **überschaubar:** Richtige **Ortschaften** mit festem Ortskern oder echter Dorfstruktur gibt es auf dem Eiland nicht. Im Süden und Norden findet sich eine Handvoll „Orte“, dabei handelt es sich aber eher um **Häuseransammlungen.** Die Höfe und Gebäude stehen kreuz und quer verstreut über die knapp 17 Kilometer lange und nicht ganz sechs Kilometer breite Insel. Knapp 600 Menschen leben ganzjährig auf Rømø. Von der Nord- bis zur Südspitze ist es nur ein Katzensprung, vor allem, wenn man mit dem Auto unterwegs ist. In **weniger als einem Tag** hat man die gesamte Insel erkundet. Shoppingmeilen, Freizeitparks und Nachtleben, Jubel, Trubel, Heiterkeit sucht man hier vergebens. Dafür findet man Natur, so weit das Auge reicht: eine gigantische **Dünenlandschaft,** die größtenteils von Heide

Drachenfestival (s. S. 17) am Lakolk Strand 1

Vorseite: Beide Inseln bestechen mit einer weiten Dünenlandschaft

bedeckt ist, die breitesten **Sandstrände** Europas, teilweise sogar mit dem Auto befahrbar, ferner **Kiefernwälder** und natürlich das **Watt.** Eine Insel zum **Entschleunigen.** Ein Paradies für Familien, Aktivurlauber und Naturliebhaber gleichermaßen.

Auch das kleinere **Fanø** bietet Heide, Dünen, Watt und einen 15 km langen Sandstrand, der bei Ebbe an der breitesten Stelle über einen Kilometer misst. Im **Hauptort Nordby** 13 mit seinen **malerischen Gassen** und den vielen kleinen Läden, Cafés, Restaurants, Kneipen und Kunsthandwerksbetrieben findet man fast schon **städtisches Flair** vor. **Sønderho** 21 im Süden der Insel wurde 2011 von den Dänen zum schönsten Dorf des Landes gewählt.

Beide Inseln sind maximal eine Autostunde entfernt von **Ausflugszielen** wie dem **LEGOLAND Billund** 65, Dänemarks ältester Stadt **Ribe** 43 oder **Tønder** 57, der schmucken Hauptstadt der Marsch, jenem Schwemmland, das nach der Eiszeit aus angespülten Sedimenten entstand.

Das im Original erhaltene Seemannshaus Hannes Hus 25 auf Fanø

KURZ & KNAPP

Das dänische Strohdach

Reetdächer gehören zu Dänemark wie die Kleine Meerjungfrau, LEGOLAND, Ferienhäuser und der *Dannebrog* („Flagge der Dänen"), der vor fast jedem Haus weht. **Ferienhäuser mit Reetdach** findet man besonders in den **Dünen** von Rømø und Fanø. In der Regel wird **Schilfrohr** für das Dach verwendet.

Das **Fanø-Reetdach** unterscheidet sich von anderen dänischen Reetdächern insofern, als dass es 30–40 cm dicker ist und einen Dachüberstand aus Reet besitzt. Da Schilf eine geringe Rohdichte hat, sorgt Reet für eine **gute Wärmedämmung im Winter** und einen **idealen Wärmeschutz im Sommer.** Bei Regen wird das Dach vom Wasser ausgedehnt, bei trockenem Wetter zieht es sich wieder zusammen. Ein Fanø-Reetdach hält bis zu 30 Jahre und muss danach erneuert werden.

Von den Anfängen bis zur Gegenwart

Geologisch gesehen sind beide Inseln relativ jung. Erst während der letzten **Eiszeit** entwickelten sich die ursprünglichen Sandbänke zu Inseln mit Dünen und Marschland. Es gibt keine Spuren, dass in der Vorzeit Menschen auf einer der beiden Inseln gelebt haben.

Wann die **ersten Siedler** nach Rømø kamen, ist unklar. Schriftlich erwähnt wird die Insel erstmals in einer Urkunde aus dem Jahr 1190. Als bewohnte Insel und Krongut wird Rømø jedoch erst 1231 im **Erdbuch König Waldemars II.** genannt. Bis 1864 gehörte **Sønderland,** der Süden der Insel, zum Königreich Dänemark und **Nørrelandet,** der Norden, zum Herzogtum Schleswig.

Erste Zeichen von Siedlungen auf **Fanø** gehen auf das Jahr 1231 zurück. Damals wurde die Insel ebenfalls im **Erdbuch von König Waldemar II.** erstmals verzeichnet. Der König ließ Fanø mithilfe seiner Beamten vom Riber Ladegård verwalten. Die beiden Fischerorte Nordby 13 und Sønderho 21 wurden im 14. Jh. von Bürgern aus Ribe 43 gegründet. Wer auf Fanø ein Haus bauen wollte, brauchte dafür eine Genehmigung in Form eines Grundstücksnutzungsvertrags vom Amtsverwalter in Ribe. Die Stadt im Südwesten Jütlands besaß auch das Recht für Handel und Schifffahrt auf Fanø. Die Inseleinwohner konnten sich daher nur von Fischerei und Landwirtschaft ernähren. Die Blütezeit Fanøs gelang erst, als sich die Insel 1741 von der Krone loskaufen konnte und unabhängig wurde (s. Exkurs „Die Ersteigerung Fanøs“, S. 16).

Jahrhundertelang waren das Meer und die **Seefahrt** der Mittelpunkt im Leben der Inselbewohner auf **Rømø.** Es war weder Abenteuerlust noch die Sehnsucht nach der Ferne, die die Männer von der Insel forttrieb, sondern vor allem die Notwendigkeit, ihre Familien zu ernähren. Die Böden der Wattenmeerinsel waren karg und warfen nur wenig Futter für Kühe und Schafe ab. In der Blütezeit des **Grönlandwalfangs** (s. Exkurs S. 41) im 17./18. Jh. mussten sich die jungen Insulaner erstmals keine Gedanken über ihre berufliche Zukunft machen – sie fuhren bereits mit elf oder zwölf Jahren zur See und anders als bei ihren Groß- oder Urgroßvätern war es auch ein Hauch Abenteuerlust, der sie ins Eismeer um Grönland zog. Gebannt hatten sie den Erzählungen ihrer Väter und Onkel gelauscht, die von der Begegnung und dem Kampf mit den riesigen Meeressäugern, von gewaltigen Eisbergen und fremden Ländern berichteten. Sie konnten es kaum erwarten, auch dabei zu sein. Die **Frauen** dagegen verließen die Insel nur selten. Während die Männer monatelang auf See waren, waren sie diejenigen, die Äcker, Gärten und Wiesen bestellten, Tiere schlachteten und im Herbst die meist dürftige Ernte einholten. Im Spätherbst, bevor die großen Stürme einsetzten, warteten sie ungeduldig auf die Rückkehr ihrer Ehemänner und Söhne. Manche warteten vergebens, wie im **Unglücksjahr 1777,** das zahlreiche Frauen zu Witwen machte. Bis in die 1920er-Jahre gab es auf **Rømø** so gut wie **keine Bäume.** Erst in jener Zeit wurden die **drei Plantagen Tvismark, Kirkeby und Vrådby** angelegt und Berg-, Wald- sowie Schwarzkiefern gepflanzt mit dem Ziel, das Sandtreiben mit seinen zerstörerischen Auswirkungen einzudämmen und somit Schutz für die landwirtschaftlich genutzten Flächen zu schaffen. Rund 4 km² Wald gibt es heute auf Rømø.

Auf **Fanø** wurde bereits 1893 eine **Baumschule** angelegt, aus der sich die 14 km² große **Fanø Plantage** mit Kiefern- und Fichtenarten sowie Laubbäumen wie Birke, Buche und Eiche entwickelte. Etwa ein Drittel der Fläche ist nicht bewachsen. Auf der Plantage befinden sich Sumpfgebiete, kleine Seen, Dünen und Wiesen.

Rømø

1190: Die Insel wird das erste Mal schriftlich erwähnt – sie gehört dem Sankt-Knud-Kloster in Odense.

1231: Rømø wird im Erdbuch König Waldemars II. als Krongut Rymø geführt.

1634: In der Nacht vom 11. auf den 12. Oktober verwüstet eine verheerende Sturmflut, die Burchardiflut, die Nordseeküste zwischen Ribe und Brunsbüttel. Auch Rømø bleibt nicht verschont.

1644: Die ersten Walfänger brechen nach Grönland auf.

1770: Rømø erlebt die Blütezeit des Walfangs. 40 Walfangkapitäne leben auf der Insel.

1864: Deutsch-Dänischer Krieg. Rømø gehört in der Folge ab 1867 zur preußischen Provinz Schleswig-Holstein und ab 1871 zum Deutschen Reich. Der deutsche Name der Insel lautet Röm.

1898: Pastor Johannes Jacobsen (s. S. 36) gründet das Nordseebad Lakolk. Ein Kurhaus, das Restaurant Kaiserhalle, 37 Blockhütten und ein Pavillon werden errichtet. Der Tourismus hält Einzug auf Rømø.

1903: Das Badezentrum macht Konkurs. Einer der Gründe sind fehlende Zufahrtsmöglichkeiten für Besucher.

1914: Ausbruch des Ersten Weltkriegs, das Kurhaus wird geschlossen.

1920: Nach einer Volksabstimmung gehört Nordschleswig und somit auch Rømø wieder zu Dänemark.

1940: Im Zuge des Zweiten Weltriegs wird die Insel von der Wehrmacht besetzt und Teil des Atlantikwalls (s. Exkurs „Dänemark unter deutscher Besatzung", S. 14).

Deutsch-Dänischer Krieg

Grund für den Konflikt, der von Februar bis Oktober 1864 dauerte, war der schon länger schwelende Konflikt um die nationale Zugehörigkeit des Herzogtums Schleswig. Als Kriegsgegner standen sich Dänemark auf der einen und die Verbündeten Preußen und Österreich auf der anderen Seite gegenüber. Der dänische König (damals Christian IX.) war Herzog von Schleswig, Holstein und Lauenburg. Die beiden letzteren Herzogtümer waren gleichzeitig Mitgliedstaaten des Deutschen Bundes. Schleswig dagegen war ein Lehen Dänemarks, das sowohl von dänischen als auch von deutschen Nationalliberalen beansprucht wurde. Dies hatte bereits in den Jahren 1848–1851 zu kriegerischen Auseinandersetzungen zwischen Dänemark und der deutschen nationalliberalen Bewegung der Herzogtümer Schleswig und Holstein geführt. Dänemark verlor schließlich den Krieg, der mit dem Friedensvertrag von Wien am 30. Oktober 1864 endete, den alle drei Beteiligten unterzeichneten. Die Herzogtümer gingen an die Siegermächte Preußen und Österreich. Als Teil des Kreises Tondern (Tønder 57) gehörte Rømø nach dem Krieg bis zur Volksabstimmung 1920 zur preußischen Provinz Schleswig-Holstein.

1948: Am 18. Dezember wird der Rømø-Damm, der das Festland mit der Insel verbindet, von König Frederik IX. eingeweiht.

1963: Am 7. Juli unternimmt die Fähre zwischen Rømø und Sylt ihre erste Fahrt durch das Lister Tief.

1989: Die alte Kaiserhalle wird abgerissen.

1990: Das erste Internationale Drachenfestival (s. S. 17) findet statt.

1996/97: 27 Pottwale stranden und verenden am Strand.

1998: Lakolk feiert seinen 100. Geburtstag.

2014: Der Nationalpark Wattenmeer, zu dem auch Rømø gehört, wird Teil des UNESCO-Welterbes.

2015: Über den Winter werden 28 syrische Flüchtlingsfamilien in den leer stehenden Hütten des Rømø Familiecamping untergebracht.

Fanø

1231: Die Insel wird im Erdbuch von König Waldemar II. erstmals schriftlich erwähnt.

1638: Die erste Windmühle wird gebaut.

1737: In Sønderho wird die erste Schule errichtet.

1741: Die Bürger von Fanø kaufen die Insel auf einer Auktion in Ribe von der dänischen Krone frei (s. S. 16).

1750: Die Ära des Segelschiffbaus beginnt.

Dänemark unter deutscher Besatzung

Unter dem Decknamen „Unternehmen Weserübung-Süd" fielen deutsche Truppen am 9. April 1940 in den frühen Morgenstunden in Südjütland und Kopenhagen ein.

Dänemark war im Zweiten Weltkrieg neutral und hatte 1939 einen Nichtangriffspakt mit dem Nachbarland geschlossen. Die dänische Regierung protestierte zwar gegen die Invasion und die Verletzung der Neutralität - stellenweise leistete die dänische Armee auch Widerstand -, die Regierung ordnete sich dann aber der Okkupation unter, nachdem die Deutschen ein Ultimatum gestellt hatten und den Dänen bei sofortiger Kapitulation zusicherten, deren politische Unabhängigkeit und territoriale Integrität nicht anzutasten. Dänemark war am Abend desselben Tages vollständig besetzt. Die Armee des Landes wurde bis auf 2200 Soldaten demobilisiert.

Als Hitler Dänemark 1941 zur Unterzeichnung des Antikominternpaktes (völkerechtlicher Vertrag zur Bekämpfung der Kommunistischen Internationale) zwang, was mit der Neutralität nicht vereinbar war, förderte dies das Erstarken des dänischen Widerstands. Ebenso lehnte die Regierung die Diskriminierung ihrer jüdischen Mitbürger ab. Hunderte dänische Kommunisten wurden verhaftet und interniert.

1942 begannen die Deutschen mit dem Bau des Atlantikwalls entlang der Küsten des Atlantiks, der Nordsee und des Ärmelkanals. Die 2685 km lange Verteidigungslinie sollte Belgien, Dänemark, Deutschland, Frankreich, die Niederlande und Norwegen vor einer Invasion der Alliierten schützen. Allein in Dänemark wurden über 6000 Bunker gebaut. Auf Rømø belief sich ihre Zahl auf 52, auf Fanø befanden sich 300 Bunker. Auf beiden Inseln finden heute Bunkerführungen (s. S. 39 und S. 86) statt.

Als sich der dänische Widerstand in Sabotage, Streiks und Widerstand gegen die Staatsgewalt entlud, stellten die Deutschen am 28. August 1943 ein Ultimatum, in dem sie Ausgangssper-

1762: Nordby und das Gasthaus Sønderho Kro erhalten das Tabak-Privileg.

1851: In Nordby entsteht das erste Kurbad der Insel.

1860: Eröffnung der Navigationsschule

1870: Fanø besitzt die zweitgrößte Handelsflotte Dänemarks.

1875: Die erste Fährverbindung zwischen Esbjerg (29) und Fanø wird in Betrieb genommen.

1891: Gründung des Nordseebades Fanø Bad (18)

1934: Dietrich Bonhoeffer hält während der Ökumenischen Jugendkonferenz des „Weltbundes für Freundschaftsarbeit der Kirchen" zwei Reden.

1940: Die Insel wird im Zweiten Weltkrieg von der deutschen Wehrmacht besetzt und Teil des Atlantikwalls (s.auch Exkurs „Dänemark unter deutscher Besatzung").

1962: Die Passagierfähre Sønderho nimmt ihren Dienst auf.

1970: Die Kommunen Nordby und Sønderho werden zusammengelegt.

2007: Nach der Kommunalreform in Dänemark wird Fanø zur zweitkleinsten Kommune Dänemarks.

2015: Die Insel nimmt 60 syrische Flüchtlinge (Familien mit Kindern) auf.

2016: Fanø feiert den 275. Jahrestag vom Freikauf der Krone.

re, Versammlungsverbot, Militärgerichte und die Todesstrafe forderten. Die Regierung lehnte ab und wurde daraufhin aufgelöst. Der Befehlshaber der deutschen Truppen in Dänemark führte das Standrecht ein und verhängte den militärischen Ausnahmezustand. Die kleine Rest-Armee wurde entwaffnet. Die dänische Marine versenkte ihre Flotte, um damit eine Übernahme durch die deutsche Kriegsmarine zu verhindern. Als die Deutschen im Oktober 1943 die Deportation dänischer Juden planten, kamen ihnen die Dänen mit einer einzigartigen Rettungsaktion in die Quere: 7000 jüdische Mitbürger wurden mit Booten nach Schweden gebracht. Nachdem die alliierten Truppen 1944 in der Normandie gelandet waren, blockierte der dänische Widerstand mehrere Tage lang die Staatsbahn, sodass es unmöglich war, auf diesem Weg deutsche Soldaten zur Verstärkung nach Frankreich zu schicken. Mit Vorrücken der Roten Armee evakuierten die Deutschen ab Februar 1945 Hunderttausende ihrer Landsleute aus den Ostgebieten des Deutschen Reiches über die Ostsee. Als die ersten Flüchtlinge mit Schiffen in der dänischen Hauptstadt ankamen, wurden Hotels, Schulen und Sporthallen für sie beschlagnahmt. Die dänische Bevölkerung erlebte den Flüchtlingsstrom als zweite Besatzung. Als die Wehrmachtstruppen im Mai 1945 aus Dänemark abzogen, wurden rund 250.000 deutsche Flüchtlinge in den früheren Kasernen und Barackenlagern im ganzen Land untergebracht, davon 35.000 in der Kaserne Oksbøllejren in Oksbøl an der Westküste nördlich von Esbjerg (29). Während der Besatzung hatte die Wehrmacht die Kaserne als Truppenübungsplatz zur Ausbildung von Ostfrontsoldaten genutzt.

Dänemark wollte die Flüchtlinge sofort nach Kriegsende nach Deutschland abschieben, stieß damit aber auf den Widerstand des britischen Oberkommandos. Die letzten deutschen Flüchtlinge verließen Dänemark erst im Februar 1949.

Feste und Folklore

Während es auf Rømø von August bis September nur drei offizielle Veranstaltungen gibt, sind es auf Fanø zwischen Mai und Oktober umso mehr. Besonders zu den traditionellen **Fannikerdagen** und zum **Fanø Free Folk Festival** kommen auch Rømø-Urlauber gern auf die Nachbarinsel. In den **Touristeninformationen** der beiden Inseln (s. S. 48 und S. 76) liegen monatlich erscheinende **Veranstaltungskalender** aus, die auf sämtliche Veranstaltungen der Inseln und der Kommune Tønder 57 hinweisen. Diese werden ebenfalls auf den **Insel-Websites** gelistet:

- http://romo.dk/de/sehen-und-erleben/events
- http://visitfanoe.dk/de/sehen-und-erleben/events

Die Ersteigerung Fanøs

Bis 1741 war die Insel Eigentum des dänischen Königs. Die Bewohner hatten einen Pachtvertrag, der ihnen das Aufenthalts- und Baurecht gab, die gleichen Rechte wie ihre Landsmänner auf dem Festland hatten sie allerdings nicht. So war es ihnen unter anderem verboten, mit eigenen Schiffen auf Seefahrt zu gehen. Damals hieß nur der Teil der Insel, der heute Nordby 13 ist, Fanø. Sønderho 21 war eine eigene Gemeinde.

1719 bot König Frederik IV. die Insel auf einer Auktion zum Verkauf an. Zu jener Zeit bewertete man Land nach Steuertonnen Getreide und Fanø war 84 Steuertonnen wert. Ein Kaufmann aus Ribe 43 bot mit 62 Reichstalern pro Steuertonne für die Insulaner und erhielt den Zuschlag, aber der König war mit dem Handel nicht einverstanden – zu billig erschien ihm der Verkauf der Insel. Die beiden Gemeinden fingen an zu sparen und Geld beiseitezulegen, damit sie die Insel bei einer erneuten Auktion doch noch erwerben konnten. Diese fand erst über 20 Jahre später statt.

Als König Christian VI. 1730 an die Macht kam, ließ er Schloss Christiansborg in Kopenhagen bauen. Die Bauzeit betrug zehn Jahre und die Kosten verschlangen fast 50 % der Jahreseinkünfte des Königreichs. Nun war er gezwungen, Kronland und -güter zu verkaufen. So wurde Fanø am 10. Juli 1741 im Rathaus in Ribe wieder zur Versteigerung angeboten.

Vorab erfuhren die Insulaner, dass ein Gutsherr aus Jütland die Insel unbedingt haben wollte. Man trug ihnen zu, dass der Versteigerer sich vor der Auktion zu einem Nickerchen zurückziehen würde und dem Rathausdiener befohlen hatte, ihn zu wecken. Die beiden Fanniker, die die Insel ersteigern sollten, bestachen den Rathausdiener, die Rathausuhr eine Stunde vorzustellen. So wurde der Auktionator eine Stunde eher geweckt, die Versteigerung begann verfrüht und die Insulaner erhielten den Zuschlag, bevor der Gutsherr auf der Auktion erschien.

Nordby zahlte 6523, Sønderho 1698 Reichstaler. Um ganz sicher zu gehen, dass die Insel ihnen nun auch tatsächlich gehörte, baten sie Christian VI. in einem Brief, den Handel zu genehmigen. Die Fanniker erhielten die urkundliche Übertragung, „Fanøs Freiheitsbrief", am 19. Dezember 1741.

Rømø

- **Hafenfest:** Stadtfest am Hafen von Havneby 9, abends mit Musik und Tanz im Zelt (August)
- **Internationales Drachenfestival:** Jährlich am ersten Septemberwochenende, von Freitag bis Sonntag, tanzen über dem Lakolk Strand 1 aufgeblähte Comicfiguren, Kraken, feuerspeiende Drachen, Schlangen und allerlei Fantasiefiguren.
- **Rømø Motor Festival:** Oldtimer-Rennen am Lakolk Strand mit Teilnehmern aus Skandinavien und Deutschland (September, http://romomotorfestival.dk)

Fanø

- **Fanø Vesterland:** Auf dem dreitägigen Rockfestival in Nordby 13 spielen dänische Rock- und Popbands (Mai, www.fanørocker.dk).
- **International Kite Fliers Meeting Fanø:** Rund 5000 Teilnehmer aus ganz Europa lassen seit 1985 einmal im Jahr vier Tage lang am Strand zwischen Fanø Bad 18 und Rindby [C4] ihre kunterbunten, fantasievollen, teilweise selbst gebauten Drachen in den Himmel steigen (Juni, www.kitefliersmeeting fanoe.de).
- **Fannikerdagen:** Bei den Fannikertagen am zweiten Juliwochenende steht die lokale Kultur und Geschichte der Insel im Mittelpunkt. Bereits seit dem 1950er-Jahren werfen sich die Bewohner von Nordby 13 in ihre traditionellen Trachten (s. Exkurs S. 18) und feiern drei Tage lang mit Musik, Tanz und Kulinarischem (www.fannikerdagen.dk).

EXTRATIPP

Strikkefestival (Fanø International Knit Festival)

An einem Wochenende im September klappern überall auf der Insel die Stricknadeln. Als die **Fanøer Strickdesignerin Christel Seyfarth,** Inhaberin von Art Knits (s. S. 79), im Jahr 2005 Strickenthusiasten zum kreativen Austausch nach Fanø einlud, kamen ca. 600 Teilnehmer auf die Insel. Daraus entwickelte sich das jährlich stattfindende Strickfestival mit mittlerweile rund 10.000 Teilnehmern aus aller Welt – viele aus Skandinavien und Mitteleuropa, einige kommen sogar aus Australien.

Herz des Festivals ist ein 2000 m² großes **Zelt am Hafen** mit mehr als **200 Ständen,** darunter diverse Strickwarenläden. Daneben locken **rund 80 Workshops,** die außer auf Dänisch auch auf Englisch oder Deutsch angeboten werden, **Modenschauen,** auf denen u. a. Fanniker-Trachten präsentiert werden, und **Konzerte** internationaler Musiker. Gestrickt wird während des Festivals auf der ganzen Insel – allerdings sollten die Teilnehmer geübte Stricker sein.

- **Infos:** www.strikkefestival.dk/en

014rf-cs

Modenschau während des Strickfestivals

Die Fanniker und ihre Tracht

Die Fanniker-Tracht ist die traditionelle Bekleidung der Fischer- und Seemannsfrauen. Sie besteht aus einem blusenähnlichen, gefütterten Jäckchen und einer Schürze. Das auf Taille geschnittene Jäckchen mit rundem Halsausschnitt hat lange und eng ansitzende Ärmel und ist in den Farben Blau, Braun, Erika (Violett) oder Schwarz erhältlich. Die Knöpfe sind silbern oder aus Bernstein und verlaufen in zwei Reihen. Auf den ersten Blick sieht es aus, als würden die Frauen Kleider tragen, tatsächlich haben sie jedoch eine Schürze an, die fast um die gesamte Taille gebunden ist. Unter der Schürze wird ein grüner oder roter Unterrock aus gefilzter Wolle getragen, der mit einer Borte abschließt.

Ein wichtiger Teil der Tracht ist die Kopfbedeckung: ein Kopftuch, das in komplizierter Form straff um eine Mütze gebunden wird, denn die Haare müssen komplett bedeckt sein. Das Tuch der Fannikerinnen aus Nordby 13 *wird übrigens anders als das der Frauen aus Sønderho* 21 *gebunden: Letztere setzen die Falten des Kopftuchs im Nacken wie ein Segel, während die Falten auf den Tüchern der Fannikerinnen dicht aneinanderliegen.*

Wenn die Frauen früher nach Wattwürmern gruben, bedeckten sie ihr Gesicht mit der sogenannten Strude, einer dunklen Doppelmaske, die im Nacken gebunden wird und einer Burka ähnelt. So schützten sie ihr Gesicht vor Sonne und Sand.

Jedes Jahr im Juli tragen die Bewohner von Nordby im Rahmen der Fannikerdagen *(s. S. 17)* *ihre traditionellen Trachten.*

- **Sønderhodag (Sønderho-Tag):** Der traditionelle Festtag mit Volkstanz- und Trachtenvorführungen findet jedes Jahr am 3. Sonntag im Juli rund um die alte Windmühle 28 in Sønderho 21 statt.
- **Fanø Sommercup:** 5-Mann-Fußball und Musik in Nordby (Juli, www.fanosommercup.dk)
- **Fanø Ugerne:** Die **Fanø-Wochen** sind das älteste und zugleich größte Golfturnier des Landes (Juli, www.fanoe-golf-links.dk/de/fanoe-wochen).
- **Fanø Free Folk Festival:** Folk Music der alternativen Art bekommt man in Sønderho 21 zu hören (Juli, http://fanofreefolk.dk).
- **Fanø Familie Dragefestival:** Drachenfestival für Familien mit Drachenworkshops für Kinder, Strandsegeln und vielem mehr (August)
- **Godtfolk:** dreitägige Veranstaltung rund um die dänische Volksmusik mit Konzerten, Workshops, Sessions und Tanz (September, www.godtfolk.dk, nur auf Dänisch), Veranstaltungsort ist Nordby
- **Fanø Vadehavsfestival:** Beim Wattenmeerfestival dreht sich alles um die Auster (Oktober, www.fanoe-vadehavsfestival.dk, nur auf Dänisch).

Feiertage

Die **christlichen Feiertage** Ostern, Christi Himmelfahrt und Pfingsten entsprechen den deutschen Feiertagen mit Ausnahme von **Gründonnerstag**, der in Dänemark arbeitsfrei ist. Weitere Feiertage sind Neujahr, der **Buß- und Bettag** am vierten Freitag nach Ostern und der **Grundlovsdag (Verfassungstag)** am 5. Juni. Dieser ist zwar kein gesetzlicher Feiertag, Behörden und einige Geschäfte haben jedoch trotzdem geschlossen. Ebenso ist der **1. Mai** kein offizieller Feiertag, viele Geschäfte schließen jedoch ab Mittag.

015rf-cl

Rømø und Fanø kulinarisch

Das **Wattenmeer** in der süddänischen Nordsee ist nicht nur für verschiedene Robbenarten und mehrere Millionen Zugvögel eine reich gefüllte Speisekammer, sondern mit **Austern, Garnelen und Muscheln** auch für Feinschmecker. Bei Einheimischen und Feriengästen auf der Insel **Rømø** gleichermaßen beliebt sind die **Rømø-Krabben**, die gleich nach dem Fang an Bord kurz in einem Kessel mit Meerwasser gekocht werden, was sie besonders schmackhaft macht. Zur Inselküche gehören Fisch, Meeresfrüchte und Fleisch vom **Salzwiesenlamm** sowie die Spezialitäten der regionalen **südjütischen Küche.** Die Lämmer grasen auf Wiesen, die immer wieder von salzigem Nordseewasser überspült werden, was ihrem Fleisch einen würzigen Geschmack verleiht.

Die Küche auf **Fanø** ist ähnlich, hier sind allerdings **Bakskuld** (s. S. 20) und **Sakkuk** typische Gerichte. Sakkuk bezeichnet einen Mehlpudding, der mit gepökeltem Lamm, Schweinenacken, Grieben, Senf und Sirup serviert wird. Beliebt sind ferner das **Fanø Smørrebrød** (s. S. 20) und das **Landgangsbrød**, ein halbiertes, dunkles Roggenbrot, das mit Fanø-Schinken, Lachs, Nordseekrabben, *bakskuld,* Ei und Salat belegt wird.

Auf der Insel gibt es mehrere **Gourmetrestaurants** (Sønderho Kro, s. S. 79, Kellers Spisehus, s. S. 79, und Ambassaden, s. S. 78), die nicht nur bei Besuchern und Einheimischen beliebt sind, sondern auch bei den Esbjergern, die zum Abendessen am Wochenende gerne mal die Fähre zur Insel nehmen.

Vorsicht beim Stichwort **Frokost:** Es klingt wie Frühstück, gemeint ist aber das Mittagessen! Frühstück heißt hingegen **Morgenmad.** Abends wird auf beiden Inseln **früh gegessen.** Die Restaurants servieren das Abendessen ab 17 Uhr und oftmals schließt die Küche bereits zwischen 20.30 und 21 Uhr.

△ *Salatteller mit Rømø-Krabben*

EXTRATIPP

Bakskuld

Dabei handelt es sich um eine gesalzene und luftgetrocknete **Kliesche,** die mit Schwarzbrot, Remoulade und Zitronenschnitzen gereicht wird. Die Kliesche ist ein **Plattfisch,** der zur Familie der Schollen gehört. Er findet sich in großen Vorkommen in der südlichen Nordsee und im Wattenmeer. Der fette Fisch eignet sich ausgezeichnet zum **Räuchern.** In alten Tagen wurden die Klieschen eingesalzen und verblieben 24 Stunden in der Salzlake. Danach wurden sie abgespült, an den Schwänzen zusammengebunden und zum Trocknen an die frische Luft gehängt. Wenn sie trocken waren, wurden sie einzeln in Zeitungspapier eingewickelt, um ein Verkleben zu verhindern und sie trocken zu halten. Danach wurden die eingewickelten Fische in die glühende Asche eines Ofens gelegt und waren fertig, sobald das Papier weggebrannt war. Heute wird der Fisch eingesalzen und unmittelbar danach geräuchert. Oder man enthäutet den Fisch vom Schwanz aufwärts und brät ihn in einer Pfanne in Butter. Zum Bakskuld wird traditionell **Kaffeepunsch** (Kaffee mit Zucker und Schnaps) gereicht.

Fanø Smørrebrød

Das Brot nach Fanøer Art wird in **drei Schichten** serviert, wobei jede Schicht aus dreieckig geschnittenen, höchstens 1 cm dicken **Weißbrotscheiben** (keine Toastbrotscheiben!) besteht. Die Brotschnitten werden **wie eine Torte** angerichtet.

Zunächst bestreicht man sie mit Butter. In einer Schicht gibt es sechs unterschiedlich belegte Brotscheiben, vier davon mit Fleischaufschnitt. Die Fanniker aus dem Norden belegen das Brot mit Presswurst, Salzfleisch, Schinken und Zunge, die Sønderhoninger aus dem Süden bevorzugen statt Schinken und Zunge Frikadelle und Schweinebraten. Auf die zwei übrigen Scheiben kommen milder Käse und mit Sahne aufgerührte, gehackte Eier. Der Aufschnitt, der Käse und der sahnige Eierbrei werden so auf die Brotscheiben gelegt, dass diese nicht mehr zu sehen sind. Die Brotscheiben werden im Anschluss mithilfe einer **Schablone** in jeweils **drei Dreiecke** geschnitten – zwei große und ein kleines. Die größeren Dreiecke werden für die oberste und unterste Schicht, die kleineren für die mittlere Schicht verwendet. Die Fleischaufschnitte werden so gelegt, dass sie farblich zum gegenüberliegenden Stück passen, Käse und Ei liegen einander gegenüber.

Lecker: Bakskuld mit Schwarzbrot

016rf-ft

Alltagsgetränk ist **Bier** *(øl)*. In der gehobenen Gastronomie ist Wein der typische Begleiter zum Essen. Nach dem Mahl trinken die Dänen gern einen Schnaps – auf Rømø und Fanø wird **inseleigener Kräuterschnaps** serviert. **Leitungswasser** gibt es in den meisten Restaurants gratis.

Trinkgeld ist in Dänemark nicht üblich, aber gern gesehen. Wer möchte, kann den Rechnungsbetrag um ein paar Kronen aufrunden.

In Dänemark ist das **Rauchen** in Restaurants, Cafés, Bars und Klubs seit 2007 verboten.

EXTRATIPP

Lecker vegetarisch und vegan

Leider gibt es **kein einziges rein vegetarisches oder veganes Restaurant** auf Rømø oder Fanø. Einige Lokale haben aber zumindest die eine oder andere vegetarische Speise auf der Karte. Falls nicht, bereiten die meisten Küchenchefs **auf Anfrage** etwas zu.

Auf Fanø werden Vegetarier auf jeden Fall bei **Rudbecks** (s. S. 79) fündig. Im Restaurant des Hotels **Havneby Kro** (s. S. 50) **auf Rømø** stehen ebenfalls vegetarische Speisen auf der Karte. In den **Supermärkten** beider Inseln gibt es einige ausgesuchte vegane Produkte, z. B. Soja- und Haferdrinks.

Lokale mit guter Aussicht

› **Hattesgaard Cafe auf Rømø** (s. S. 50): Außentische mit Sicht über das Wattenmeer
› **Museumscafé Sixtus in der Fanø Schifffahrts- und Trachtensammlung** (14): Die Veranda bietet einen fantastischen Blick über das Wattenmeer.

Lokale Bierbraukunst

Die Dänen lieben ihr **„øl"**, und *øl* machen, das können sie, die Dänen. Wer ein *øl* bestellt, bekommt natürlich ein Bier, kein Öl, denn das heißt *olie*. Das Bier wird längst nicht mehr ausschließlich in den zwölf großen Brauereien des Landes, allen voran **Carlsberg**, gebraut. Seit ein paar Jahren schießen **Mikrobrauereien** wie Pilze aus dem Boden – über 120 gibt es bereits, was das Inselkönigreich weltweit zu einem der wichtigsten Bierländer macht. In kaum einem anderen Land findet man ein solch breites Spektrum an Biersorten – allein 2014 wurden in Dänemark 1108 neue Biere gebraut. Auf der Liste der zehn besten Biere und Brauereien der unabhängigen internationalen Bier-Website www.ratebeer.com findet man Dänemark in den verschiedenen Kategorien immer wieder unter den ersten zehn.

Auch **Fanø** braut sein **eigenes Bier**, und zwar insgesamt 23 Sorten, darunter Biere, die nach früheren dänischen Königinnen und Königen benannt sind, Weihnachtsbier, Frühjahrsbier, Bernsteinbier sowie sechs Biere, deren Namen an das Wattenmeer erinnern. Das **Fanø Bryghus** (s. S. 78) wurde 2006 gegründet, nach einer Krise 2008 geschlossen und 2009, nach einem neuen Anlauf, wiedereröffnet. Das Bier des Fanø Bryghus ist inzwischen so beliebt, dass sogar das Kopenhagener Sterne-Restaurant Noma, das von der britischen Fachzeitschrift „Restaurant Magazine" viermal zum besten Restaurant der Welt gewählt wurde, sein Bier hier brauen lässt.

Wichtige dänische **Biervokabeln** sind **fadøl** (Fassbier), **lagerøl** (dunkles Pils), **lyst øl** (Leichtbier), **pilsner** (Pils) und **porter** (dunkles Starkbier).

Was wo kaufen?

Lebensmittel und **Drogerieartikel** bekommt man in den **Supermärkten** auf beiden Inseln, wobei die Einheimischen auf Rømø zum Großeinkauf über den Damm nach **Skærbæk** 51 fahren, wo es **größere Supermärkte** wie Netto und SuperBrugsen gibt.

Was Shopping anbelangt, so haben **Fanø-Urlauber** die größere Auswahl, denn im **Hauptort Nordby** 13 lockt die **Einkaufsstraße Hovedgaden** mit einer bunten Auswahl an **kleinen Läden** für Mode, Schuhe, Schmuck und Accessoires sowie Blumen, Wein, Käse und Delikatessen. Ferner gibt es dort **Galerien** und **Kunsthandwerksgeschäfte**, darunter die Glasbläserei **Fanø Glaspusteri** (s. S. 80). Zwischen den Läden sind Cafés und Restaurants angesiedelt, die sich für eine Einkaufspause eignen. Typische **Inselsouvenirs** sind Keramik- und Glasartikel sowie die inseleigenen Kräuterschnäpse.

Auf **Rømø** gibt es zwar Geschäfte mit Bade- und Sportbekleidung und auf der Ladenzeile in **Lakolk** [bl] einige **Souvenir- und kleine Kleiderläden**, zum **Shoppen** fahren die Insulaner selbst jedoch nach Skærbæk und Ribe 43 – und wenn es etwas Besonderes sein soll, besuchen sie Tønder 57 oder Esbjerg 29. Ein typisches **kulinarisches Souvenir** der Insel Rømø ist der Heidehonig.

Eine Auswahl der Einkaufsmöglichkeiten auf beiden Inseln steht jeweils unter **„Einkaufen"** auf S. 51 und S. 79.

Natur erleben

Rømø und Fanø liegen im **Nationalpark Wattenmeer**, wo sich zweimal am Tag das faszinierende Schauspiel der **Gezeiten**, der Wechsel von **Ebbe und Flut**, erleben lässt.

Das größte zusammenhängende Wattenmeer der Welt erstreckt sich von Esbjerg 29 an der Westküste Jütlands bis zum niederländischen Den Helder. Es ist weder Meer noch festes Land: Bei Niedrigwasser ist es die trockene, morastige Landschaft namens Watt, bei Hochwasser wird es vom Meer überflutet. Und weil man das Gebiet bei Ebbe zu Fuß durchwaten kann, hat man ihm den Namen „Wattenmeer" gegeben.

082rf-cl

Entstanden ist das Wattenmeer nach der letzten **Eiszeit.** Während der Eiszeit war die Nordsee fast ausgetrocknet, da das Wasser zu Eis gefroren war. Als die Gletscher vor rund 12.000 Jahren abschmolzen und der Meeresspiegel langsam anstieg, begann sich die Nordseeküste in den nachfolgenden Jahrtausenden zu verändern. Festland wurde überflutet, Land von den Fluten mitgerissen und Sedimente wie Lehm und Sand, die das Schmelzwasser mit sich führte, lagerten sich ab – sie machen heute den größten Bestandteil des Nordseebodens aus. Der Wechsel von Abtragung und Ablagerung prägte das Wattenmeer, das sich nach wissenschaftlichen Erkenntnissen in den vergangenen 7000 Jahren gebildet hat. Es prägt vor allem die **Ostseite** beider Inseln, während die **Westseite** dem offenen Meer der **Nordsee** zugewandt ist. Fanø und Rømo wachsen durch natürliche Anspülungen jährlich um einige Zentimeter. So wird etwa an Rømøs Südspitze Sand von Sylt angespült.

Eine Besonderheit des Wattenmeers sind **Salzwiesen**, die sich am Übergang von Watt und Land befinden, jedoch nicht den Gezeiten unterliegen. Fährt man über den Damm nach Rømø, sieht man Schafe auf den daneben liegenden Salzwiesen grasen. Auf Fanø erstrecken sich Salzwiesen in den Gebieten Grønningen im Norden und Hønen an der Südspitze (s. „Geführte Tour zur Südspitze“ S. 76). Im Wattenmeer war die **Schafzucht** immer eine wichtige Einnahmequelle, da Schafe genügsamer sind als Kühe. Früher wurde Schafmilch zum Trinken und zur Käseherstellung verwendet, auch die Wolle war wichtig. Heute werden die Schafe aufgrund ihres Fleisches gezüchtet.

Bei Ebbe gibt es im Watt auch Grün zu sehen

EXTRAINFO

Verhalten im Watt

Bei einer **Wattwanderung** sind Kenntnisse der **Wattbeschaffenheit,** der **Gezeiten** und des **Wetters** wichtige Voraussetzungen. Diese haben aber nur ausgebildete und erfahrene Wattführer. Deshalb sollte man keinesfalls alleine, sondern **nur mit einem kundigen Wattführer** ins Watt gehen (Details und Empfehlungen: s. Wattwanderung S. 60 und S. 81).
So vermeidet man viele Gefahren, die im Watt lauern: Dazu zählen zum Beispiel das Einsinken in Schlickzonen, die Strömung in Prielen bei auslaufendem Wasser oder plötzliche Wetterumschwünge. Für **Kinder unter 6–8 Jahren** ist eine geführte Wattwanderung häufig zu anstrengend, es sei denn, es handelt sich um eine Wattwanderung, die explizit für jüngere Kinder gedacht ist.

Der dänische Wattenmeerbereich **Nationalpark Vadehavet (Nationalpark Wattenmeer),** der sich über eine Fläche von 146.600 Hektar erstreckt, wurde 2014 in die Liste des **UNESCO-Weltnaturerbes** aufgenommen.

› **Infos:** http://de.nationalparkvadehavet.dk

Zugvögel

Den Lebensrhythmus im Watt bestimmen Ebbe und Flut. Ist der Meeresboden trocken, kann man **Krebse, Muscheln, Schnecken, Wattwürmer** und in **Prielen** (schmalen Wasserläufen) kleine **Fische** beobachten. Im flachen Wasser findet eine immense Produktion von mikroskopischen Algen und Plankton statt, die als Nahrung für die

zahlreichen Lebewesen im Watt dienen. Millionen von **Zugvögeln** stärken sich in der Speisekammer des Wattenmeeres, bevor sie im Herbst zum Überwintern in südliche Gefilde und im Frühjahr zu ihren Brutgebieten im Norden fliegen.

Kaum einen Vogel sieht man im dänischen Wattenmeer so häufig wie den **Austernfischer.** In großen Schwärmen sammeln sich die Tiere und warten auf das Niedrigwasser, um im Sand und Schlick des Watts auf Nahrungssuche zu gehen. Der schöne, schwarzweiße Wattvogel mit dem langen, korallenroten Schnabel und den korallenroten Beinen ist ein Vielfraß – er kann bis zu 300 Herzmuscheln (s. S. 27) oder 200 Wattwürmer am Tag fressen. Austern fischt der Vogel trotz seines Namens allerdings nicht, denn die dicke Schale der Auster wäre für ihn nur schwer zu knacken. In der Zugzeit kommen um die 20.000 Austernfischer aus Nordskandinavien an die dänische Nordseeküste, um dort zu überwintern. Dagegen zieht es im Winter viele ihrer in Dänemark heimischen Artgenossen zum deutschen und holländischen Teil des Wattenmeers. Die Brutzeit der Austernfischer beträgt 26 Tage und erstreckt sich über die Monate Mai bis Juli. Ihre drei Eier legen die Weibchen mit Vorliebe in unmittelbarer Ufernähe oder auf Muschelbänken ab, manche brüten auch auf Salzwiesen. Ihren Brutplatz verteidigen sie lebenslang – ihre Partner ebenso. Die Vogelpaare bleiben ein ganzes Leben lang zusammen. Im Durchschnitt wird der Austernfischer 15, maximal 25 Jahre alt.

Der amselgroße **Knutt** macht im Frühjahr und Herbst Station im Watt. Der Strandläufer brütet dort, wo es kalt ist: in Grönland, Nordsibirien und der Tundra, überwintert aber vorzugsweise in heißen Gebieten Afrikas. Bevor der Marathonflieger unter den Zugvögeln, der bis zu 4000 Kilometer nonstop zurücklegen kann, in großen Schwärmen nach Afrika zieht, stärkt er sich in der gigantischen Speisekammer des Wattenmeeres mit kleinen Muscheln, Wattschnecken und Wattwürmern. Er baut Fettdepots auf und erhöht sein Gewicht von 140 auf 240 Gramm. Der Knutt bleibt bis April in seinem Winterquartier und bricht dann wieder in Richtung Wattenmeer auf, wo er im Mai eintrifft. Dort stärkt

Austernfischer und Seehund auf einer Sandbank vor Fanø

er sich, bevor er im selben Monat weiter in seine Brutgebiete zieht. Schon im Juli begibt er sich wieder auf den Weg ins Wattenmeer. Die Jungvögel folgen erst im August, im Oktober fliegen sie gemeinsam in ihr Winterquartier. Im Sommer ist das Gefieder des Knutts orange und im Winter grau gefärbt.

Wenn sich im Frühjahr und Herbst Hunderttausende **Stare** im Wattenmeer versammeln und in der Dämmerung plötzlich aus allen Himmelsrichtungen in Formationen zu ihren Schlafplätzen in der Marsch aufbrechen, verdunkeln sie fast die sinkende Sonne. Etwa 20 Minuten lang kreieren die Starenschwärme die seltsamsten Formationen am Himmel. Dieses einzigartige Naturphänomen wird **„Sort Sol“** (**„Schwarze Sonne“**) genannt. Das sollte man sich nicht entgehen lassen! Das Naturcenter Tønnisgård ❷ auf Rømø bietet **Touren** zu „Sort Sol“ an.

Zu den **weiteren Vögeln** im Wattenmeer gehören Alpenstrandläufer, Bartmeise, Bekassine, Kiebitz, Großer Brachvogel, Kampfläufer, Uferschnepfe, Dunkler Wasserläufer, Rothalstaucher, Rohrweihe, Rohrdommel, Säbelschnäbler, Seeregenpfeifer, Stelzenläufer, Ziegenmelker und zahlreiche Gänsearten.

Seehunde und Kegelrobben

Verglichen mit anderen Robbenarten sind **Seehunde** klein und schlank und besitzen einen rundlichen Kopf. Ihre Farbe ist regional verschieden. Seehunde an der Nordsee sind dunkelgrau und haben über den Körper verteilt schwarze Flecken. Während das Männchen bis zu 1,70 m lang wird und um die 150 kg wiegt, ist das Weibchen 30 cm kürzer und wiegt höchstens 100 kg. **Kegelrobben** werden dagegen bis zu 220 kg schwer und 2,30 m lang. Man erkennt sie an ihrer massigen Gestalt und ihrer kegelförmigen Schnauze. Die Weibchen sind silbergrau mit dunkelgrauen Flecken, die Männchen dunkelgrau mit hellen Flecken.

EXTRAINFO

Hände weg von jungen Seehunden!

Im **Juni und Juli** ziehen die Robbenmütter ihren Nachwuchs auf. Die Jungen werden im Juni nach elf Monaten Tragzeit **auf Sandbänken geboren.** In den ersten fünf Wochen erhält das 10 Kilogramm schwere Baby ausschließlich fetthaltige Muttermilch und verdreifacht sein Gewicht. Danach ist Zeit für feste Nahrung. Auch wenn das Jungtier bereits schwimmen kann, lässt ihn seine Mutter bei der Futtersuche oft stundenlang alleine an Land bzw. auf der Sandbank zurück, denn ohne den Nachwuchs ist sie schneller. Lässt sie das Kleine zu lange warten, „heult“ es laut nach seiner Mutter.

Wer bei einem Strandspaziergang einen **Heuler** findet, der mutterseelenallein im Sand liegt, nimmt oft an, dass das Muttertier auf Nimmerwiedersehen verschwunden und ihr Kind sich selbst überlassen hat. Die Mutter holt ihren Nachwuchs nach der Futtersuche aber auf jeden Fall wieder ab. Dies tut sie allerdings nicht, wenn das Jungtier von Menschen umringt ist oder, noch schlimmer, wenn es angefasst wurde. Seehundmütter erkennen ihren Nachwuchs nämlich am Geruch – riecht er nach Mensch, nehmen sie ihn nicht mehr an. Deshalb ist es wichtig, **Abstand zu halten** und auch andere Spaziergänger davon abzuhalten, sich dem Kleinen mehr als 300 Meter zu nähern.

Die bis zu 40 cm langen **Barthaare** sind das wichtigste Sinnesorgan aller Robbenarten und für ihre Orientierung unerlässlich. Auf der Jagd nach Fischen stellen sie sich wellenförmig auf. So kann beispielsweise der Seehund die Schwingungen seiner Beute noch über eine Entfernung von bis zu 40 m wahrnehmen – eine Fähigkeit, die ganz besondern im trüben Nordseewasser nützlich ist. Auf der Suche nach Krebsen und Muscheln taucht der Seehund 200 m in die Tiefe und kann eine halbe Stunde unter Wasser bleiben, bevor er wieder auftaucht.

Im gesamten dänischen Wattenmeer leben rund 3000 Seehunde. Anfang Juni versammeln sie sich auf den **Sandbänken**, um **Junge zu gebären.**

Eine der besten Stellen auf **Fanø**, um sowohl Seehunde als auch Kegelrobben zu beobachten, ist die **Sandbank Galgerev** [D8] südlich der Insel – jedoch nur bei Ebbe. Bei schönem Wetter liegen dort bis zu 400 Tiere im Sand und sonnen sich. Man kann vom Strand in Sønderho 21 auf das Watt hinauswandern – allerdings ist dies nur im Rahmen einer geführten Tour zu empfehlen (s. S. 88). Auf **Langejord**, einer weiteren Sandbank südlich von Fanø, sonnen sich bei Ebbe oft mehrere Hundert Seehunde. Mit etwas Glück entdeckt man auch morgens Seehunde am **Hafen von Nordby** 13.

Auch auf Rømø sind **geführte Seehundsafaris** möglich (s. S. 59).

Muscheln im Watt

› **Amerikanische Scheidenmuschel:** Man findet sie überall an den Stränden auf Rømø und Fanø sowie im Watt. Die Muscheln, deren ursprüngliches Verbreitungsgebiet in Nordamerika liegt, gelangten als schwimmende Larven Ende der 1970er-Jahre im Ballastwasser von Schiffen an die Nordseeküste, wo sie sich seitdem massenhaft vermehrten. Da die Muschel aufgrund ihres langen Gehäuses einem Schwert ähnelt, wird sie auch **Schwertmuschel** genannt. An der Nordseeküste wird sie bis zu 17 cm lang. Die Muscheln besiedeln vorzugsweise

022rf-ft

Sand- und Schlickböden, wo sie senkrecht in tiefen Röhren leben. Sie befinden sich in der Regel nur wenige Zentimeter unter der Oberfläche, wo sie das Wasser nach Nahrung filtrieren. Droht Gefahr, kann sich die Muschel mithilfe ihres Fußes in Sekundenschnelle in ihre Röhre zurückziehen. Die Schwertmuschel, die in einer Wassertiefe von 3 bis 18 m vorkommt, kann bis zu fünf Jahre alt werden.

- **Herzmuschel:** Sie ist die wohl häufigste Muschel im Wattenmeer. Ihren Namen verdankt sie ihrem herzförmigen, welligen Gehäuse. Die Herzmuschel sitzt 1–3 cm unter der Oberfläche des Mischwatts und filtert Plankton aus dem Wasser. Mit bis zu 245 ausgewachsenen Exemplaren pro Quadratmeter wird in ca. 3 m Wassertiefe die größte Besiedlungsdichte erreicht. Die 1–5 cm große Muschel wird normalerweise drei, maximal neun Jahre alt und gehört zu den Hauptnahrungsmitteln von Austernfischern und Eiderenten, die mehrere Hundert Tiere am Tag verschlingen. Ihre Farbe variiert von weiß über gelbbraun bis braun. Sieht man bei einer Wattwanderung auf dem Boden circa 1 cm große ovale Löcher, deutet das auf eine Herzmuschelsiedlung hin. Wenn man sich vorsichtig nähert, erkennt man mit etwas Glück die winzigen Sipho-Öffnungen einer Muschel. Stößt sie gerade verbrauchtes Wasser aus, sieht man eine kleine Fontäne. Zur Herzmuschelfischerei wurde früher der gesamte Wattboden umgepflügt, was jedoch dazu führte, dass den Seevögeln die Nahrungsgrundlage entzogen wurde und es zum Vogelsterben kam. Seit 1990 ist die Herzmuschelfischerei im Nationalpark Wattenmeer deshalb verboten.
- **Miesmuschel:** Die blauschwarze Muschel zählt zu den bedeutendsten Bewohnern des Wattenmeers, ist allerdings nicht nur dort zu Hause. Im Gegensatz zu anderen Muschelarten lebt sie nicht versteckt unter Sand und Schlick, sondern oberirdisch in großen, manchmal kilometerlangen Kolonien. Da die Miesmuschel 1–3 l Nordseewasser in der Stunde filtriert und ihm dabei Nährstoffe entzieht, gilt sie als „Kläranlage" des Wattenmeeres. Die Schale der bis zu 10 cm langen Muschel ist oft von anderen Organismen wie Seepocken, Algen und Tang bewachsen. An einem Ende der Schale sieht man den Fuß der Muschel, an dem sich die Byssusdrüse befindet, die den Byssusfaden produziert, mit dem sich die Miesmuschel am Untergrund und an anderen Muscheln festhalten und mit dessen Hilfe sie sich fortbewegen kann. Miesmuscheln können bis zu zehn Jahre alt werden.

020rf-cl

Schwertmuscheln am Strand von Rømø

Seehunde sind niedlich, sollten aber keinesfalls angefasst werden

024rf-ft

› **Pazifische Auster:** s. S. 29

› **Sandklaffmuschel:** Man vermutet, dass die Muschel mit dem ungleichklappigen Gehäuse im 13./14. Jh. von den Wikingern aus Nordamerika an die Nordseeküste eingeschleppt wurde. Sie lebt mehr als 30 cm tief eingegraben im Sand, wobei das Hinterende, der klaffende Spalt, nach oben zeigt. Durch diesen schiebt sie den langen, rüsselartigen Sipho bis zur Bodenoberfläche. Er besteht aus zwei separaten Kanälen: Der eine transportiert einströmendes Wasser mit Nahrungspartikeln und Sauerstoff, der andere ausströmendes Wasser. Wird die Sandklaffmuschel gestört, zieht sie den Sipho blitzschnell unter die Sandoberfläche zurück, wobei eine Wasserfontäne ausgestoßen wird, damit der Sand darüber zusammenfällt. Ist die Muschel, die bis zu 19 Jahre alt werden kann, einmal eingegraben, verändert sie nur sehr selten ihren Standort. Bei Strand- und Wattspaziergängen findet man häufig ihre bis zu 15 cm langen, eiförmigen Schalen mit der dünnen grauen Außenhaut. Ältere Schalen können schneeweiß, aber auch gelblich oder bräunlich sein.

Bernstein

Nicht typisch für das Wattenmeer, aber für die dänische Küste ist der **baltische Bernstein**, der zwischen 40 und 50 Mio. Jahre alt ist. Damals bedeckten **Wälder der Bernsteinkiefer** *(Pinus succinifera)* einen großen Teil des Ostseeraums und Skandinaviens. Wenn die Rinde dieser Kiefern verletzt wurde, floss aus der „Wunde" goldenes Harz, das sich langsam härtete. Als die Wälder vom Meer überschwemmt wurden, riss die Strömung das Harz mit sich, das sich danach am Meeresboden ablagerte. In den sauerstoffarmen Verhältnissen unter Wasser veränderte das Harz allmählich seine Molekularstruktur. Während der **Eiszeiten** transportierten die Gletscher den Bernstein in die Nordsee, wo er von Stürmen und Strömungen freigelegt und zwischen Muschelschalen, Holzstückchen, Tang und Seegras am Strand angespült wird.

Jesper Dannneberg Voss, der Oyster King, bei der Arbeit (s. S. 85)

Pazifische Auster – die Exotin im Wattenmeer

Die pazifische Auster, die ursprünglich aus den Küstengewässern Japans und Koreas stammt, gelangte Anfang der 1990er-Jahre in das Meer rund um Fanø. Aber wie kam sie auf die Insel?

Eine Theorie besagt, dass man in den 1970er-Jahren auf Rømø und auf Sylt versuchte, eine Austernaufzucht zu starten. Weil das Wasser zu kalt war, gelang dies aber nicht. Später probierte man es auf Sylt noch einmal und es funktionierte. Manche glauben, dass einige Austern kälteresistenter sind als andere, so überlebten und sich langsam über das ganze Gebiet verteilten.

„Daran glaube ich nicht", sagt Jesper Danneberg Voss, der „Oyster King" von Fanø (s. S. 85), der auf der Insel regelmäßig Austernsafaris veranstaltet. Er meint, dass die Austern im Ballastwasser der großen Schiffe über den Pazifik ins Wattenmeer gelangten. „Wenn die Schiffe nicht voll beladen sind, pumpt man Ballastwasser in die Tanks. Zurück im Hafen von Esbjerg lässt man das Ballastwasser, in dem sich Austernlarven befinden, ablaufen. Auf diese Weise haben sich die pazifischen Austern im Wattenmeer verbreitet." Warum erst in den 90er-Jahren und nicht früher? „Davor war das Nordseewasser zu kalt und die Larven konnten nicht überleben." Im Watt hat die Auster keine Feinde, denn dank ihrer harten und dicken Schale ist sie nur schwer zu knacken, sodass Krebse und Vögel sie nicht aufbrechen und fressen können. Neben dem Menschen, der auf Austernjagd geht, um sie zu verspeisen, wäre „ihr einziger Feind ein eisiger Winter", sagt Jesper. Den gab es aber auf Fanø bisher noch nicht.

Es empfiehlt sich, nur mit einem kundigen Führer im Watt auf Austernsuche zu gehen, um nicht plötzlich von der Flut überrascht zu werden (Infos und Anbieter: s. S. 58 und S. 85).

Es gilt die Faustregel: Austern nur in den Monaten mit R (September bis April) sammeln und sie von Mai bis August meiden. „Das Wasser darf nicht wärmer als 14 °C werden, denn sonst besteht das Risiko von blaugrünen Algen und die sind gefährlich für den Menschen", erklärt Jesper. Die Austern, die in den warmen Monaten in Restaurants auf der Speisekarte stehen oder in Fischgeschäften angeboten werden, sind unbedenklich, denn sie stehen unter ständiger Kontrolle.

Die größten Chancen, Bernstein zu finden, hat man im **Herbst und Winter**, und vor allem **nach Stürmen**. Wenn das Meerwasser kalt ist und so eine große Dichte besitzt, treibt es den Bernstein nach oben – starker Wind tut sein Übriges. Schon im Morgengrauen sieht man **Bernsteinsucher** nach einer stürmischen Nacht an den Stränden von Fanø und Rømø, bewaffnet mit Harken und Taschenlampen, den Blick fest auf den Boden gerichtet, auf der Suche nach dem „Gold des Meeres".

Den größten Fund hat alten Quellen zufolge ein gewisser Peter Petersen 1628 am Strand von Rømø gemacht – er sammelte 144 Pfund des fossilen Harzes. Eine solche Ausbeute ist heute eher selten. Wer auf Rømø Bernstein findet, hat die Möglichkeit, **die Steine im Naturcenter Tøn-**

nisgård 2 unter fachkundiger Anleitung **in Form zu schleifen.** Hilfreiche **Tipps**, wie man Bernstein findet und erkennt, liefert die private Website eines Bernstein-Enthusiasten:

› www.ambertop.de

Die Nordseeküste und ihre Sturmfluten

Die Dänen nennen die Nordsee **Vesterhavet (Westmeer).** Die dänische Nordseeküste erstreckt sich fast 400 Kilometer lang von den Wattenmeerinseln Rømø und Fanø im Süden bis hinauf in den Norden, wo sie auf die Ostsee trifft. Zu Zeiten der Segelschifffahrt zählte die Nordsee, die ein Nebenmeer des Nordatlantiks ist, zu den gefährlichsten Gewässern der Welt. Sobald starke **Weststürme** aufkamen, wurden die Schiffe manövrierunfähig und auf Sandbänke vor der Küste gedrückt. Allein vor Jütlands Westküste liegen über Tausend Wracks auf dem Meeresgrund. Im Südwesten gab es im Laufe der Jahrhunderte immer wieder **Sturmfluten,** die innerhalb weniger Stunden Dörfer, Höfe, Inseln, Menschen und Vieh auslöschten.

Besonders verheerend war die **Grote Mandränke** („**Großes Ertrinken**"), auch **Zweite Marcellusflut** genannt, im Januar 1362 (in der Nacht auf den Tag des hl. Marcellus), bei der 100.000 Menschen ums Leben gekommen sein sollen und das sagenumwobene Rungholt von der Landkarte verschwand. Die versunkene Handelsstadt im nordfriesischen Wattenmeer wird auch das „friesische Atlantis" genannt. Am 11. Oktober 1634 verwüstete die **Burchardiflut** die Nordseeküste zwischen Ribe 43 und Brunsbüttel und kostete mehr als 15.000 Menschen das Leben. Es gab zwar schon seit dem 16. Jh. Deiche, diese hielten jedoch nicht. Die Fluten veränderten den Küstenverlauf grundlegend und formten die heutige Küstenlinie.

Sturmfluten in jüngerer Zeit haben den Rømø-Damm (s. S. 122) 1976, 1981 und 1999 überflutet und teilweise zerstört, 1976 mussten Ribe und Tønder 57 evakuiert werden, bei der Novemberflut 1981 erreichte der Wasserstand in Tønder 4,92 Meter, und im Dezember 1999 gab es in Ribe mit 5,12 Metern den höchsten bis dahin gemessenen Wasserstand. Die **Deichkrone** in Ribe liegt heute bei 7,45 Meter.

021rf-cl

Sturmflutsäule im Hafen von Havneby 9 auf Rømø

Die Abendsonne taucht den Strand von Fanø Bad 18 in orangefarbenes Licht

EXTRAINFO

Wildkaninchen auf Fanø

Morgens und abends sieht man sie durch die Dünen hoppeln: Wildkaninchen wurden erstmals 1913 als **Jagdobjekte** auf die Insel gebracht. Mit bis zu sieben Würfen pro Jahr vermehrten sich die Tiere rasant und verbreiteten sich auf der ganzen Insel. Schnell wurden sie zum **Schädling** für Dünen sowie Land- und Forstwirtschaft und man versuchte, sie auszurotten. In den 1960er-Jahren starben viele Wildkaninchen an der **Viruserkrankung Myxomatose,** in deren Verlauf sich die Bindehaut der Augen entzündet und sich zahlreiche Tumore auf dem Körper zeigen. Heute gibt es wieder unzählige Wildkaninchen auf Fanø. Anders als Hasen, die in Mulden auf Feldern schlafen, leben die deutlich kleineren Kaninchen in **Großfamilien** mit bis zu 15 Tieren in Tunnelsystemen unter der Erde. Jährlich werden 5000 Kaninchen während der **Jagdsaison** (Sept.-Jan.) geschossen.

Wetter und Reisezeit

Dänemark ohne Wind? Das gibt es nicht! Und schon gar nicht auf einer Nordseeinsel. So ist das Klima wie im Rest des Landes auf Rømø und Fanø **rau** und der **Wind** ruht selten.

Das **Wetter** auf den beiden Inseln ist **unbeständig**, ändert sich durch starken Wind mitunter rapide und überrascht die Inselbesucher im Sommer häufig mit kalten Tagen, auf die kurz darauf wieder heiße Sonnentage folgen. Regenjacke, Gummistiefel und ein warmer Pulli gehören deshalb unbedingt ins Urlaubsgepäck.

Die **Durchschnittstemperaturen** liegen im Sommer bei 20 °C, im Winter sinken sie selten unter Null. Im **Hochsommer** wird die 25-Grad-Marke kaum überschritten, schwüles Wetter ist die Ausnahme und immer weht vom Meer her ein **frischer Wind.** Die **Wassertemperaturen** erreichen selbst an heißen Tagen fast nie 20 °C. Ab **November** gibt es viele **Nebel- und Regentage** und es ist schon ab 16 Uhr dunkel. Bis in den März hinein bleibt

023rf-cl

es kühl. Regenärmster Monat ist der Mai mit elf Tagen, regenreichster der Dezember mit 19 Tagen, wobei es selten den ganzen Tag über regnet. Manchmal gibt es morgens einige kurze **Schauer**, mittags ist der Himmel schon wieder blau. Mit neun Stunden ist die durchschnittliche Anzahl der **Sonnenstunden** im Juni am höchsten. Im August, wenn die Sonne wieder tiefer steht, sind es sieben Stunden.

Die optimale Reisezeit ist der Zeitraum von Mai bis Oktober. Die **Hauptsaison** für Touristen liegt in den drei Sommermonaten **Juni, Juli und August**, wobei die eigentliche Hochsaison Anfang Juli startet und Mitte August endet. In diese sechs Wochen fallen die **dänischen Schulferien** und ganz Dänemark macht Urlaub. Die meisten Unterkünfte sind in diesem Zeitraum bereits ab Januar komplett ausgebucht.

Sind die dänischen Schulferien zu Ende, geht das Gästeaufkommen auf den Inseln spürbar zurück und die Unterkünfte werden billiger. Viele Ferienhausvermieter haben sich auf den **Saisonbetrieb** eingestellt: Sie schließen Ende Oktober, wenn die dänischen Herbstferien vorbei sind, und öffnen erst wieder an Ostern. Die meisten Hotels und B&Bs haben jedoch das ganze Jahr hindurch geöffnet.

Egal ob Frühling, Sommer, Herbst oder Winter: Fanø und Rømø sind immer eine Reise wert. Besonders abseits vom Trubel des Sommers können Besucher die beiden Wattenmeerinseln von einer ganz anderen Seite kennenlernen. Im **Herbst** haben Besucher die endlos weiten Strände für einen Spaziergang ganz für sich alleine. Dann gilt: Gummistiefel und Regenmantel anziehen, über den Strand und zahlreiche Pfützen zum Wasserrand laufen, tief durchatmen, dem Grummeln der Brandung zuhören, die salzhaltige Luft einatmen und einfach das Hier und Jetzt genießen – auch wenn der nasskalte Oktoberwind einem die Tränen in die Augen bläst!

Wetter auf Rømø und Fanø

Durchschnitt	Jan	Febr	März	Apr	Mai	Juni	Juli	Aug	Sept	Okt	Nov	Dez
Maximale Temperatur	3°	3°	5°	10°	15°	18°	20°	21°	17°	13°	8°	4°
Minimale Temperatur	-2°	-2°	0°	3°	7°	10°	12°	12°	10°	7°	3°	0°
Regentage	18	12	15	13	12	12	15	14	17	18	20	19
Wassertemperatur	4°	3°	4°	6°	10°	13°	17°	15°	13°	9°	6°	5°

RØMØ

025rf-cl

Rømø im Überblick

Rømø wirbt mit der beeindruckenden Natur des **Wattenmeers** und dem **breitesten Sandstrand Nordeuropas**, der zu vielen **Windsportarten** einlädt. Bei Ebbe ist der Strand an der Nordspitze bis zu vier Kilometer breit, was Rømø seiner Nachbarinsel Sylt zu verdanken hat: Der dort abgetragene Sand wird auf Rømø wieder angeschwemmt. Der endlose Strand zieht sich vom Süden über den gesamten Westteil der Insel bis hinauf zum 20 Quadratkilometer großen Gebiet **Juvre Sand** an der **Nordspitze**, das als Übungsgebiet von den dänischen Luftstreitkräften genutzt wird und nicht betreten werden darf. Nördlich von Juvre befindet sich eine **Aussichtsplattform**, von der aus man die Jagdbomber beobachten kann. Das **Wattenmeer** prägt die gesamte **Ostseite** der Insel.

Anfang des 20. Jh., als die Insel zum **deutschen Kreis Tondern** (Tønder 57) gehörte, war sie in die drei Landgemeinden Juvre, Kirkeby und Kongsmark gegliedert. Heute ist sie in **Nørreland im Norden** und **Sønderland im Süden** unterteilt: Die Orte Juvre, Toftum mit dem Museum Kommandørgården 5, Bolilmark, Lakolk, Kongsmark und Tvismark mit dem Naturcenter Tønnisgård 2 befinden sich im Norden, der sich bis zum **Småfolksvej** hinzieht. Die Orte Kirkeby mit der Sankt Clemens Kirke 11 und dem Friedhof, Kromose, Østerby, Mølby, Sønderby und der Inselhauptort Havneby 9 liegen im Süden, wobei **keines** der Dörfer das **Bild einer geschlossenen Ortschaft** vermittelt. Einen historisch gewachsenen Ortskern sucht man vergeblich.

In Nørreland befinden sich das Heidegebiet **Tvismark Plantage** (s. Wanderung 1, S. 57) und der **Lakolk Strand** 1. In Sønderland liegen die Heidegebiete **Kirkeby Plantage** (s. Wanderung 2, S. 57) und **Vråby Plantage**, der **Hafen** und der **Sønderstrand** 12 mit seinem großen Strandsegler- und Kitebuggygebiet. An der Südspitze erstreckt sich das **Naturreservat Stormengene („Sturmwiesen")** über 32 Hektar – hier brüten Enten und diverse Kleinvögel. Für Besucher ist das Vogelschutzgebiet **nicht zugänglich**.

Inselsteckbrief Rømø

- ***Lage:*** *Rømø ist die südlichste dänische Wattenmeerinsel und liegt 3 km nördlich von Sylt.*
- ***Fläche:*** *Die Insel misst rund 129 km² bei einer Länge von 16,8 km und einer Breite von 5,7 km.*
- ***Ortschaften:*** *Neben dem Inselhauptort Havneby 9 existieren noch zehn weitere Ortschaften, wovon allerdings keine einen Ortskern besitzt.*
- ***Einwohner:*** *knapp 600*
- ***Höchste Erhebungen:*** *die Dünen Høstbjerg in der Tvismark Plantage und Spidsbjerg in der Kirkeby Plantage mit jeweils 19 m*
- ***Strände:*** *Lakolk Strand 1 und Sønderstrand 12 mit einer Gesamtlänge von 12 km*
- ***Verwaltungssitz:*** *Tønder 57*

Vorseite: Wanderweg in der Tvismark Plantage [ci]

Wie die Insel erkunden?

Ob mit dem Rad oder dem Auto – alle Sehenswürdigkeiten auf Rømø lassen sich bequem von fast jedem Punkt der Insel erreichen. Auf der Insel verkehrt auch der Bus der Linie 285 (Skærbæk–Rømø), allerdings fährt er außerhalb der Schulzeit nicht regelmäßig und hält auch nur an wenigen Stationen (u.a. Juvrevej, Vesterhavsvej, Havneby). Gibt man unter www.sydtrafik.dk in der Suche „285“ ein, erscheint auf der linken Seite des Bildschirms ein Link zum Fahrplan („285 Skærbæk-Rømø-Skærbæk“).

Rømø entdecken

Nørreland

Nørreland umfasst den Norden der Insel. Hauptort ist Lakolk [bl] an der Westseite. Hier gründete Pastor Johannes Jacobsen 1898 das Nordseebad Lakolk (s. S. 36), das damals noch zu Deutschland gehörte – so nahm der Tourismus auf Rømø seinen Anfang. Bis Anfang des 20. Jh. standen dort neben einem Kurhaus 40 Ferienhütten und ein Teepavillon. Pro Saison besuchten rund 200 Gäste den Ort.

Nachdem Nordschleswig 1920 an Dänemark fiel, kamen nur noch wenige deutsche Feriengäste und Lakolk verfiel in einen **Dornröschenschlaf.** Erst mit der Fertigstellung des **Rømø-Damms** 1948 begann der Tourismus auf der Insel wieder Fuß zu fassen. Von den alten Gebäuden aus Nordseebadzeiten existieren heute nur noch eine Handvoll Sommerhäuser.

Vom Nordwesten bis zur Nordspitze erstreckt sich auf 20 km² das **Militärgelände Juvre Sand,** das den dänischen Streitkräften zur Ausbildung von Piloten dient, die mit Kampfjets Panzerattrappen, militärische Fahrzeuge u.a. angreifen. Finden Übungen statt, werden Signalkugeln gehisst und im Kontrollturm blinkt ein weißes Licht. Besucher dürfen die Übungen von der **Aussichtsplattform** aus beobachten. Ein Schild weist darauf hin, dass auf dem Gelände Laserlicht verwendet wird, das zu Augenschäden führen kann. Ferngläser oder Kameras sollten daher nicht auf die Kampfjets gerichtet werden.

026rf-cl

Ein Schild am Ende des Rømø-Damms heißt Besucher auf der Insel willkommen

Der Pastor und das Nordseebad Lakolk

Pastor ***Christian Johannes Jacobsen*** *(1854–1919), Politiker und Grenzlandaktivist in Nordschleswig, war ein Mann voller Tatendrang und rief zu seinen Lebzeiten zahlreiche wirtschaftliche Unternehmungen ins Leben, wovon allerdings die wenigsten von Erfolg gekrönt waren. Ende des 19. Jh. startete er sein kühnstes Projekt: die Gründung des Seebads Lakolk, mit dem er sowohl den deutschen Tourismus als auch die Ansiedlung deutschsprachiger Einwohner in der Region fördern wollte.*

Dem Pastor schwebte ein Seebad vor, das sich scharf vom mondänen Sylt abgrenzte: ein Kurort für die Mittelklasse. Er beschaffte Gelder, gründete die Lakolk-Gesellschaft und erwarb ein Stück Land, das sich von Kongsmark [cj] bis Lakolk [bi] erstreckte. Blockhäuser im norwegischen Stil mit kleinen Spitzen und Drachenköpfen an den Giebeln wurden in die Lakolker Dünen gebaut. Auch ein Hotel wurde errichtet, das passend zu den Häusern im Drachenstil den Namen „Drachenburg" erhielt. Schönstes Haus im neuen Kurort war die pompöse Kaiserhalle, ein Holzgebäude mit Türmchen, großer Veranda und Anbau, das alle anderen Häuser ringsum überragte. In der Kaiserhalle befanden sich ein Restaurant mit Speisesaal, Lesehalle und Billardsaal. Wellness-Feeling gab es im Warmbadehaus mit Wannen, Dampfbad und medizinischen Badeeinrichtungen. Am Strand wurde eine Strandhalle errichtet, in der es Erfrischungen gab, am Lakolk-See ein Teepavillon.

Ein Dampfer sollte Badegäste von Skærbæk 51 nach Rømø bringen. Eigens dazu gründete der geschäftige Pastor 1897 eine Dampfschifffahrtsgesellschaft und ließ bei Kongsmark einen Landesteg anlegen, der bis weit ins Wattenmeer hinaus führte. Auf einem Streifen Land von Kongsmark nach Lakolk wurde ein Schienenstrang gezogen, um Besucher vom kleinen Dampfer „Röm" mittels „Dampf-Spurbahn" in 20 Minuten zum Seebad zu bringen. Die Anschaffung eines „Dampfrosses" scheiterte jedoch aus finanziellen Gründen. Letztlich zog ein Pferd die Wagen durch Heide und Dünen, als das Nordseebad Lakolk am 15. Juli 1898 eröffnete. Die Wochenmiete für ein möbliertes Haus mit zwei Betten betrug 25 Mark.

Dem Nordseebad Lakolk war jedoch keine lange Zukunft beschert – die Gesellschaft von Pastor Jacobsen ging 1903 in Konkurs. Wegen fragwürdiger finanzieller Machenschaften geriet der Pastor zunehmend in die Kritik, weshalb er sich vom Norden verabschiedete und 1904 eine Stelle als Gemeindepfarrer in Südtirol annahm.

Von den 37 kleinen Sommerhäusern im Drachenstil existieren noch 23, wovon aber nur elf ihr ursprüngliches Aussehen bewahrt haben. Die Kaiserhalle verfiel und wurde 1989 abgerissen. Wo einst das Hotel Drachenburg stand, das 1965 abbrannte, befindet sich seit 1966 das Hotel Lakolk *(s. S. 49)**.*

Das Naturcenter Tønnisgård 2 bietet mit der zweistündigen Lakolk-Wanderung eine spannende Zeitreise in das Jahr 1902 an (Infos: www.tonnisgaard.dk/lakolkwanderung, Preis: Erw. 95 dkr, Kinder 45 dkr, Anmeldung erforderlich).

027rf-cl

❶ Lakolk Strand ★★★ [bl]

Lakolk ist mit seinem an manchen Stellen bis zu einem Kilometer breiten Sandstrand der **Bade-Hotspot** der Insel und besonders bei **Familien** beliebt, denn Kinder können im seichten Wasser wunderbar planschen. **Autos** dürfen sich der Wasserlinie bis auf 30 Meter nähern, allerdings nur in bestimmten, **gekennzeichneten Strandabschnitten.** Dort, wo Autos verboten sind, ist unendlich viel Platz für Sonnenbäder und Spaziergänge – umso weiter man geht und je einsamer es wird, desto eher besteht die Aussicht, dass man auf einer Sandbank in naher Entfernung einen **Seehund** (s. S. 25) entdeckt.

An der **Zufahrt zum Strand** befindet sich eine **Einkaufsmeile** mit Eiscafés, kleinen Lokalen (z. B. Café Fru Dax, s. S. 49), Läden aller Art (z. B. by Vicky, s. S. 51), der Kerzenfabrik Rømø Lys (s. S. 51), in der man seine eigene Kerze ziehen kann, Hüpfburgen und Rutschen.

Seit 1989 findet am Lakolk Strand jedes Jahr im September das **Internationale Drachenfestival** (s. S. 17) statt. Im selben Monat lockt das **Motor Festival** (s. S. 17), bei dem getunte Oldtimer ins Rennen gehen.

› **Zufahrt** über Vesterhavsvej (vom Rømø-Damm führt der Vesterhavsvej geradeaus zum Lakolk Strand), **Parkmöglichkeiten** direkt vor dem Strand

❷ Naturcenter Tønnisgård ★★★ [ci]

Die ältesten Steine des **Hofes** stammen aus dem Jahr 1625. Im Laufe der Jahrhunderte wurde er mehrmals umgebaut, zuletzt von Bauer Christen Jørgen Pedersen 1873. Den Namen verdankt der alte Hof seinen ersten Bewohnern, Kommandeur **Niels Hansen Tønnis** und seinem Sohn, **Hans Hansen Tønnis,** der ebenfalls zur See fuhr.

Nach ausgiebiger Renovierung beherbergt Tønnisgård seit 1992 das Naturcenter. Die **Dauerausstellung „Zwischen der Nordsee und dem Wattenmeer"** informiert über die Naturlandschaften, Besiedlung und Geschichte der Insel, den Walfang und Bernstein. **Mikroskope** geben den

Der endlos weite Lakolk Strand

KURZ & KNAPP

Gestrandete Pottwale

Im März 1996 strandeten 16 Pottwale am **Lakolk Strand** ❶. Es war die bisher **größte Strandung von Walen in Dänemark.** Die 12 bis 13 m langen Wale waren noch nicht ausgewachsene männliche Jungtiere. Meeresbiologen nahmen an, dass sie auf einem Streifzug in der Nordsee die Orientierung verloren hatten, ins flache Wasser gerieten und von ihrem eigenen Körpergewicht erdrückt wurden. Wahrscheinlich waren sie schon ein paar Tage tot, bevor sie auf Rømø strandeten.

Kurz nachdem sich die Nachricht verbreitet hatte, versammelten sich mehrere Hundert **Schaulustige** am Strand. Zwei der durch Verwesungsgas aufgequollenen Kadaver explodierten am Nachmittag, wobei Fleischfetzen über Hundert Meter weit in alle Richtungen geschleudert wurden. Die Fundstellen wurden daraufhin abgeriegelt und die Überreste der Wale zerteilt.

Ein **Walskelett** ist im **Kommandørgården** ❺ und ein **Schädel** vor dem **Naturcenter Tønnisgård** ❷ ausgestellt.

028rf-cl

Blick auf in Bernstein eingeschlossene Fossilien frei. Im Bereich der Rezeption gibt es einen kleinen **Laden** mit Büchern, Postern, Bernsteinschmuck, Tassen, Bildern mit Wattenmeermotiven, Kaffee, Tee und Eis.

Neben der Dauer- und diversen **Wechselausstellungen** bietet das Naturcenter von April bis Oktober **geführte Touren in deutscher Sprache** an, darunter Austernsafaris (s. S. 58), Bunkerführungen (s. S. 39), Garnelenfischen (s. S. 58), Kutschfahrten, Wattwanderungen (s. S. 60) und Radtouren. Darüber hinaus veranstaltet das Naturcenter **Bastel-Workshops** und **Bernsteinschleifen** für **Kinder.** Weiterführende Infos liefert die Homepage (auch auf Deutsch). In der **Touristeninformation** (s. S. 48) liegt ferner ein monatlicher **Veranstaltungskalender** aus, auf dem Touren, Daten und Uhrzeiten gelistet werden. Die **Anmeldung** erfolgt jeweils direkt im Zentrum, über die Website oder telefonisch.

› Havnebyvej 30, Juvre, Tel. 74755257, www.tonnisgaard.dk, geöffnet: Mitte März–Okt. Mo.–Fr. 10–16 Uhr, Nov.–Mitte März Mo.–Fr. 10–15 Uhr, im Juli/Aug. auch So. geöffnet, Eintritt: Erw. 22 dkr, Kinder 4–13 Jahre 11 dkr. Nur Barzahlungen in Kronen oder Euro, EC- und Kreditkarten werden nicht akzeptiert.

❸ Rømø Mini-Museum ★ [ci]

Das winzige Museum **auf dem Gelände des Naturcenter Tønnisgård** ❷ veranschaulicht auf Schautafeln die Entstehung Rømøs von der Sandbank bis zur heutigen Wattenmeerinsel, beschreibt die Wechselwirkung der Gezeiten, stellt in Schaukästen Muscheln und Algenarten vor und informiert über die Geschichte des **Rømø-Damms** (s. S. 122).

› Havnebyvej 30, Juvre, jederzeit frei zugänglich

4 Høstbjerg ★★★ [ci]

Rømøs bester Aussichtspunkt bietet eine phänomenale Sicht über die Insel.

Eigentlich ist der Høstbjerg kein Berg, sondern eine 19 m hohe **Düne,** zu der eine Treppe hinaufführt. Die **Aussichtsplattform** auf dem „Gipfel" bietet eine herrliche Sicht über Heide, Wald und Wattenmeer. Oben steht eine **Steinsäule** aus dem Jahr 1830, die einen geodätischen Punkt markiert und um 1830 aufgestellt wurde.

Der Høstbjerg liegt an der Kreuzung der Hauptstraße nach Bolilmark und lässt sich im Rahmen einer **Wanderung** besteigen (s. Wanderung 1 auf S. 57).

5 Kommandørgården ★★★ [ch]

Das Museum im ehemaligen Hof eines Walfangkommandeurs erinnert an das 17. und 18. Jh., als Kapitäne aus Rømø das Kommando auf holländischen und deutschen Walfangschiffen im nördlichen Eismeer hatten.

Besonders Holland rüstete ab 1612 neben England (ab 1611) und Deutschland (ab 1644) die meisten Schiffe nach **Grönland** (s. Exkurs S. 41) aus.

Da die Männer der dänischen Nordseeinseln begehrte Kommandeure, Steuermänner und Harpuniere waren und den Insulanern der Ruf vorauseilte, besonders tüchtige Walfänger zu sein, wetteiferten die Walfangreedereien darum, sie auf ihren Schiffen anzuheuern. „Soll eine Fahrt nach Grönland erfolgreich sein, muss der Kommandeur aus Rømø kommen", hieß es damals. Vom Hafen in Havneby 9 fuhren die Seeleute nach Hamburg oder Amsterdam und gingen dort an Bord der Walfänger. Etwa 40 Kommandeure und 450 Walfänger stellte Rømø in der Blütezeit des Walfangs um 1770. **Waltran** diente als Öl für Lampen und war damals ein wichtiger Grundstoff. Schnell wurde der Walfang zur Lebensader für die Inselbewohner, denn er brachte erstmals **Reichtum** nach Rømø, wovon der Kommandeurhof noch heute zeugt. Der Hof wurde 1748 von der **Kapitänsfamilie Thaden** errichtet, war bis Mitte der 1950er-Jahre im Familienbesitz und ist heute Bestandteil des **Dänischen Nationalmuseums.**

EXTRATIPP

Bunkerführung auf Rømø

Während des **Zweiten Weltkriegs** (s. Exkurs S. 14) errichteten deutsche Truppen ab 1942 von Norwegen bis Südfrankreich den **Atlantikwall,** eine gigantische Befestigungsanlage zur Abwehr einer möglichen britisch-amerikanischen Invasion. Von 1943 bis Kriegsende wurden quer über die Insel **52 Bunkeranlagen** errichtet. Zum Einmarsch der Alliierten ist es jedoch nie gekommen.

Einige Bunker sind heute unter Sand vergraben, andere von Heide überwachsen, bei manchen haben Wind und Wellen den Beton zerspringen lassen. Allein auf dem Gebiet der **Tvismark Plantage** befinden sich 15 Bunker.

Das **Naturcenter Tønnisgård** 2 bietet **Führungen** mit Anekdoten und Hintergrundwissen an. Die Touren starten jeweils am Naturcenter. Da die Besichtigungen der unterirdischen Gewölbe schnell ausgebucht sind, ist eine **rechtzeitige Anmeldung** empfehlenswert.

› **Infos:** www.tonnisgaard.dk/bunkertour, Dauer: ca. 2,5 Std., Distanz: ca. 2 km, Preis: Erw. 95 dkr, Kinder 45 dkr (nur Barzahlungen in Kronen oder Euro, EC- und Kreditkarten werden nicht akzeptiert), Buchung tel. oder über die Website.

029rf-cl

Die **Wohnräume** sind bespickt mit bemalten Paneelen, Türen und Schränken, die Wände bedeckt mit blau-weißen Fliesen aus Holland und das nach damaligem Standard vornehme Inventar zeugt von dem Wohlstand, den die Walfang-Kommandeure nach Rømø brachten. In der **Scheune** befindet sich das **Skelett** eines 15 Meter langen **Pottwals**, der 1996 auf Rømø zusammen mit 15 Artgenossen strandete (s. S. 38).

Schautafeln dokumentieren das Leben auf der Insel zu Zeiten des Walfangs, vor allem das der **Frauen**, denn wenn sich die Walfänger im Februar auf den Weg machten, übernahmen sie das Kommando auf den Höfen. Als Ehefrauen oder Töchter von Männern, die monatelang auf dem Meer unterwegs waren oder dort umkamen (25 % der Frauen auf Rømø waren Witwen), lernten sie schon als Kind alles Wissenswerte zu Hofbetrieb, Ackerbau und Tierhaltung.

Das **letzte Walfangschiff** mit einem Kommandeur aus Rømø war die Flensburger Fregatte Tideselholt im Jahre 1859. Als Seefahrt und Walfang florierten, lebten fast 1600 Menschen auf Rømø. Heute sind es nur noch um die 600.

Zum Museum gehört ein **Café** mit Außenbestuhlung, in dem Mittagessen sowie Kaffee und hausgebackener Kuchen serviert werden. Angeschlossen ist die **Toftum Skole** 6.

› Juvrevej 60, Tel. 74755276, http://en.natmus.dk/museums/the-sea-captains-house, geöffnet: Mai–Sept. Di.–So. 10–17 Uhr, Okt. Di.–So. 10–15 Uhr, im Winter geschlossen, Ostern tägl. 10–15 Uhr, Eintritt: Erw. 50 dkr, Kinder unter 18 Jahren frei

Skelett eines Pottwals im Kommandørgården

Grönlandfahrt und Walfang

Es war der begehrte Waltran, der im 17. Jh. den Startschuss für die Grönlandfahrt gab. Die Grönlandfahrer stammten zum größten Teil aus Orten an der Nordsee, wo sich die meisten Häfen und Reedereien befanden. Anfangs lagen die Walfangplätze an den Küsten der zu Norwegen gehörenden Inselgruppe Spitzbergen im Nordatlantik und Nordpolarmeer. Die Walfangperiode in diesen Gewässern dauerte von 1600 bis 1710. Damals lebten dort um die 50.000 Grönlandwale („Balaena mysticetus"). Der Grönlandwal wird 16–18 m lang, wiegt bis zu 100 t und hat eine 60 cm dicke Fettschicht. Als es Anfang des 18. Jh. fast keine Bestände mehr gab, fuhren die Walfänger in Gebiete vor Grönland. Im frühen 20. Jh. waren die Grönlandwale, die rund 200 Jahre alt werden können und damit als Säugetiere mit der höchsten Lebenserwartung gelten, fast ausgerottet. 1931 stellte der Völkerbund, der Vorläufer der UNO, den Grönlandwal als weltweit erste Wildtierart unter Schutz. Heute leben im Nordpazifik schätzungsweise wieder zwischen 5000 und 8000 der Tiere.

Im 17. und 18. Jh. waren Walfangschiffe mit einer Mannschaft von 40 bis 50 Seeleuten von März bis September unterwegs und führten bis zu sieben Schaluppen mit sich, von denen bei der Jagd vier Boote mit je sechs Seeleuten gleichzeitig eingesetzt wurden. Oft vergingen Wochen, manchmal Monate, bis die Besatzung Wale sichtete. Mindestens vier Wale mussten erlegt werden, damit die Fahrt einen Gewinn abwarf. Sobald ein Wal in Sicht kam, wurden die Schaluppen ins Wasser gelassen. Am Vordersteven stand der Harpunier mit erhobener Harpune, an die ein Tau gebunden war, das über eine Rolle am Boden des Bootes befestigt war. Wenn die Harpune im Walrücken landete, bäumte sich das Tier vor Schmerz auf und tauchte mit dem Geschoss im Rücken ab, während das Tau in rasantem Tempo über die Bordkante lief. Der Wal zog das Boot hinter sich her und ermattete allmählich.

Da der Grönlandwal bis zu einer Stunde abtauchen kann, bevor er wieder für zwei Minuten zum Luftholen an die Oberfläche kommt, zog sich die Jagd manchmal über Stunden hin. Wenn der Wal endlich auftauchte, stieß die Mannschaft Speere in seinen Körper. Oft tauchte er schwer verletzt wieder ab. Es war ein langer Kampf, bis der Wal letztlich aufgab und qualvoll starb. Die Boote bugsierten den schweren Meeressäuger, der nun auf dem Rücken lag, zum Schiff. Dort wurde er an der Reling befestigt. Der Speckschneider wurde auf den Bauch des Tieres hinuntergelassen, wo er den Wal abspeckte. Die Fettstücke wurden von Matrosen an Bord gehievt, zu Tran verkocht und in Fässer abgefüllt. Ein einziger Wal erbrachte über 10.000 l Tran. Nicht immer kehrte die gesamte Besatzung eines Schiffes lebend in die Heimat zurück, denn der Walfang war ein gefährliches Unternehmen: Einige Seeleute ertranken im Kampf mit dem Wal, weit mehr starben jedoch durch die Strapazen an Bord, etwa an Krankheiten wie Skorbut aufgrund des Mangels an frischen Nahrungsmitten oder bei Schiffsunglücken. Es kam immer wieder vor, dass Schiffe vom Packeis eingeschlossen und zerdrückt wurden und Überlebende erfroren.

6 Toftum Skole ★★ [ch]

Das **alte Schulhaus** ist Teil des **Kommandørgården** 5 und gehört damit auch ebenfalls zum Dänischen Nationalmuseum. Es ist nur einen Steinwurf vom Kommandørgården entfernt.

Als die Walfänger der Insel zu Geld kamen, errichteten sie 1784 eine Schule, damit ihre Kinder lesen, schreiben und rechnen lernen konnten. Für den Bau der Schule musste jede Familie mit Kindern sechs Reichstaler aufbringen. Die in einem winzigen **Reetdachgebäude** untergebrachte Ausbildungsstätte gilt als die **älteste** noch erhaltene und mit nur einem Klassenzimmer zugleich als **kleinste Schule Dänemarks.** Zwischen 1784 und 1874 wurden in dem kleinen Raum zeitweise bis zu 40 Kinder unterrichtet. Der Lehrer, stets ein ehemaliger Kommandeur, wurde von den Eltern der Schüler mit Geld und Naturalien bezahlt. Die Jungen mussten in der kalten Jahreszeit Heizmaterial wie Heidekraut und Torf mitbringen, die Mädchen waren für die Reinigung des Klassenzimmers zuständig.

› Juvrevej 60, südlich des Kommandørgården, jederzeit frei zugänglich

030rf-cl

7 Vogelmuseum ★ [ch]

Im Museum, das in einem **alten Hof** aus dem Jahr 1541 untergebracht ist, sind 300 präparierte Exponate ausgestellt. Vertreten sind rund 180 Arten, darunter Enten, Gänse, Kleinvögel, Raubvögel, Störche und verschiedenste Wattvogelarten, die es heute im Wattenmeer nicht mehr gibt.

› **Rømø Fuglemuseum**, Thadesvej 1 (schräg gegenüber vom Kommandørgården 5), Juvre, www.roemoefuglemuseum.123hjemmeside.dk, geöffnet: Mai–Okt. Di.–So. 10–17 Uhr, Eintritt: Erw. 20 dkr, Kinder bis 12 Jahre 10 dkr

8 Walknochenzaun ★★ [ch]

Häufig brachten die Walfänger (s. S. 41) die **Rippen- und Kieferknochen** der von ihnen erlegten Wale mit nach Rømø und verwendeten sie beim Bauen als **Holzersatz** auf ihrer damals holzarmen Insel. Davon zeugt noch heute ein **Zaun aus 60 Walknochen** aus dem Jahr 1772 in Juvre, die der damalige Hofbesitzer, Peder Andersen List, von einer Grönlandfahrt mitbrachte. List war 1765–1775 Kommandeur auf dem holländischen Walfangschiff „De twee jonge Hermanns" und Onkel von Anders Mikkelsen List (s. S. 46).

Der einzige noch erhaltene Walknochenzaun der Insel steht seit 1977 unter **Denkmalschutz.** Passt man nicht auf, fährt man daran vorbei, denn der Zaun sieht grau und verwittert aus.

› Juvrevej 80, Juvre

▷ Der Rømø-Damm in Fahrtrichtung zur Insel

◁ Die Toftum Skole ist die kleinste Schule Dänemarks

0031rf-cl

Sønderland

Sønderland beginnt ungefähr am **Småfolksvej** südlich des Örtchens Kongsmark [cj] und umfasst den gesamten **Süden der Insel** mit dem Inselhauptort Havneby 9, den Plantagen Kirkeby und Vråby sowie dem Sønderstrand 12.

9 Havneby ★★★ [cl]

Havneby, das an der Südspitze Rømøs liegt, ist mit rund 300 Einwohnern der größte Ort der Insel.

Hier befindet sich die **Touristeninformation** (s. S. 48) mit dem angegliederten **Ferienhausvermieter** Feriepartner Rømø. Für viele ist dies die erste Anlaufstelle auf der Insel, denn wer über Feriepartner ein Haus oder eine Ferienwohnung gebucht hat, holt hier Unterlagen und Schlüssel ab. Auf der gegenüberliegenden Straßenseite befinden sich ein **Shoppingkomplex** (Sport Outlet) mit Apartments, das Hotel-Restaurant Havneby Kro (s. S. 49) und ein Supermarkt.

Die **Uferpromenade** bietet einen **einmaligen Blick** über das Wattenmeer und auf die ankommende **Fähre „MS SyltExpress“** (s. S. 122), die mehrmals täglich Tagesausflügler nach Rømø oder Sylt-Reisende auf die deutsche Nachbarinsel bringt. Da die Fähre günstiger ist als die Fahrt mit dem Zug über den Hindenburgdamm, reisen jährlich knapp 100.000 Sylt-Urlauber über Rømø an ihr Urlaubsziel.

Im **Hafen** liegen die Fisch- und Krabbenkutter vor Anker. Heute hat die Szenerie allerdings nur noch wenig mit der Idylle eines Fischerdorfes gemein. Der Hafen wurde in den Jahren 1961–1964 für die mittlerweile stark zurückgegangene Fischerei angelegt. Das Hauptgeschäft waren **Krabben**, die direkt in einer Fabrik am Hafen verarbeitet wurden. Heute gelangt nur ein winziger Teil des Krabbenfangs ungeschält in Fischläden und Restaurants der Insel. Weit über 90 % werden über Esbjerg 29 nach **Nordafrika** transportiert, wo die Tiere von Hand gepult werden. Das ist billiger, als sie vor Ort zu bearbeiten. Umgerechnet 175 € erhält eine marokkanische Arbeiterin im Monat dafür, dass sie zehn Stunden lang in einer riesigen Halle Nordseegarnelen aus ihrer Schale befreit. Die gepulten Krabben werden anschließend nach Europa reimportiert. Zwischen Fang und Verkauf liegen in der Regel sieben Tage.

KURZ & KNAPP

Als Roman Polanski Havneby zum Drehort machte

Für seinen **Thriller „The Ghostwriter“** drehte der berühmte Regisseur 2009 eine Szene auf Rømø. Der eigentliche Handlungsort des Films ist die Insel Martha’s Vineyard vor der amerikanischen Ostküste. Da Polanski aber wegen eines ausstehenden Haftbefehls seit 1978 nicht mehr in die USA einreisen kann, suchte die Filmproduktion nach Inseln, die Martha’s Vineyard ähneln und wurde auf Rømø, Sylt und Usedom fündig. Auf Rømø wurde die Hafenszene gedreht. Mit viel Stoffverkleidung und wehenden amerikanischen Flaggen wurde Havneby zu einem US-amerikanischen Hafen, die „MS SyltExpress“ zur Bay Line Ferry und der Fährterminal zum Motel, in das sich der Ghostwriter, gespielt von **Ewan McGregor,** vor seinen Verfolgern flüchtet.

Erwähnt wurde Havneby erstmals im Zusammenhang mit der **Seeschlacht im Lister Tief**, dem Gezeitenstrom zwischen Rømø und Sylt. Im Dezember 1643 hatten die Schweden ohne Kriegserklärung dänische Landesteile in Holstein angegriffen und Jütland erobert. Um die Schweden daran zu hindern, auf die dänischen Inseln zu gelangen, begannen die Dänen im April 1644 eine Seeblockade vor Göteborg, Schwedens Zugang zur Nordsee. Als König Christian IV. darüber informiert wurde, dass die Schweden in den Niederlanden eine Flotte rekrutiert hatten, brach der Dänenkönig die Blockade ab, segelte auf seinem Flaggschiff „Trefoldighed“, begleitet von neun Kriegsschiffen, in Richtung Süden auf der Suche nach dem schwedisch-niederländischen Geschwader, das er im Lister Tief fand. Am 16. Mai 1644 blockierten die Dänen mit ihren Kriegsschiffen die Durchfahrt zwischen Rømø und Sylt und setzten somit den Gegner fest. Eine mehrstündige Schlacht begann, bei der 800 Seeleute ums Leben kamen und an deren Ende die Dänen als Sieger dastanden. An die Schlacht erinnern **zwei alte Kanonen** auf einer **Anhöhe** östlich des Hotel-Restaurants Havneby Kro (s. S. 49), die vermutlich von einem der Schiffe stammen.

⑩ Borrebjerg ★ [cl]

Zwischen Østerhede und Østerby erhebt sich an der Wattkante der Borrebjerg, eine fünf Meter hohe **Warft.** Eine Warft bezeichnet einen künstlich aufgeschütteten Hügel, der die darauf stehenden Bauten vor dem Hochwasser schützt.

Man nimmt an, dass sich hier die **Reste einer Burganlage** aus dem 14. Jh. befinden. Historiker vermuten, dass sie als Verteidigungsanlage errichtet wurde, manche nehmen an, die Burg wurde bereits im 11. Jh. von den Wikingern gebaut, andere meinen, dort habe einst eine **Seeräuberburg** gestanden.

Freibeuter trieben ab dem 14. Jh. jahrzehntelang ihr Unwesen in der Nordsee. Mit seinen Ausläufern war das **Lister Tief** für sie ein hervorragendes Versteck. In günstigen Wasserverhältnissen waren ihre kleinen Schiffe dort gut verborgen und bei Gefahr war das Festland nicht weit.

Die ursprünglich quadratische Anlage der Burg, die von drei umlaufenden Gräben und Wällen umgeben

Die Sankt Clemens Kirke hat u. a. sieben Votivschiffe zu bieten

war, soll um 1850 noch deutlich zu erkennen gewesen sein. Es wird vermutet, dass die Insulaner die Warft des **Lehms** wegen abtrugen, den sie für Dielen und Hauswände benötigten, Sturmfluten taten ihr Übriges. Um Burg und Berg ranken sich zahlreiche **Sagen und Spukgeschichten:** Im Borrebjerg sollen Schätze vergraben sein, andererseits soll es die Behausung der Unterirdischen (ein unter der Erde wohnendes Volk) sein.

11 Sankt Clemens Kirke mit Kommandør-Steinen ★★★ [ck]

Die Kirche aus dem Jahr 1200 ist dem hl. Clemens, dem Schutzpatron der Seeleute, gewidmet.

Der **hl. Clemens**, auch bekannt als **Clemens von Rom**, wurde um das Jahr 50 im antiken Rom geboren, war Bischof in seiner Geburtsstadt und soll unter dem römischen Kaiser Trajan, der ihn zur Zwangsarbeit in einen Steinbruch auf der Krim verbannt hatte, den Märtyrertod erlitten haben. Der Legende nach wurde er – an einen Anker gekettet – im Schwarzen Meer versenkt. Am Meeresboden soll daraufhin ein Tempel entstanden sein, in dem seine Überreste aufbewahrt werden. Einmal jährlich soll sich das Meer auf wundersame Weise geteilt und so den Pilgern einen Weg zum Grabtempel eröffnet haben.

Ein Hingucker im weiß gekalkten Kircheninnenraum sind die **sieben Votivschiffe** in verschiedenen Größen, die von der hellen Holzdecke hängen, und mehrere Kronleuchter aus dem 16. und 18. Jh. Votivschiffe wurden häufig von in Seenot geratenen Seeleuten als Dank für ihre Rettung gestiftet.

Die bunte **Kanzel** stammt aus dem Jahr 1584. Rechts oben auf der Altartafel steht eine St.-Clemens-Figur mit einem Anker in der linken und einer Möwe in der rechten Hand. An den **Kirchenbänken** sind Namen von vermögenden ehemaligen Inselbewohnern angebracht, die sich damit auf Lebzeiten einen Platz für ihren Kirchenbesuch erwarben.

Einmalig sind die handgeschmiedeten, etwa einen Meter langen **Huthaken**, die von der Decke herabhängen. Damals gingen Männer mit Dreispitz oder Zylinder in die Kirche und die Bänke waren zu eng, als dass darauf zusätzlich Platz für die Hüte der Herren gewesen wäre.

Während der Zeit des **Grönlandwalfangs** (s. S. 41) beteten Pastor

032rf-cl

Anders Mikkelsen List, Überlebender im Eismeer

Im 17. und 18. Jh. war es das Größte für einen Rømser Jungen, einmal auf einem Walfangschiff mitzufahren. Anders List war erst 12, als ihn sein Onkel mütterlicherseits, Kommandeur Engelbert Jensen, im März 1777 auf dem Hamburger Walfangschiff „De twee jonge Hermanns" als Schiffsjungen mitnahm – zum fünften Mal war Anders bereits auf einem Walfänger dabei.

Sein Vater war Jahre zuvor auf See ertrunken. Im Gegensatz zu Kommandeur, Steuermann oder den Harpunieren war es weniger die Aussicht auf einen guten Lohn, der ihn Richtung Arktis zog, sondern der Abenteuerdrang. Als sich das Schiff im Mai Island näherte, wurden Nebel und schlechtes Wetter seine ständigen Begleiter. Wale waren nicht in Sicht – einen einzigen erlegte die Besatzung auf dieser Fahrt. Im August wütete vor Ostgrönland ein Orkan, der den Zwei-Mast-Segler gegen einen Eisberg schleuderte. Die Mannschaft konnte sich in letzter Minute aufs Eis retten, bevor das Schiff von den Eismassen zerquetscht wurde. Die Schiffbrüchigen marschierten in drei Gruppen auf dem Eis zu den anderen Walfangschiffen, die sie wenige Stunden später erreichten. Anders und sein Onkel wurden auf dem holländischen Walfänger „Clara" aufgenommen, der am 30. September in einem Orkan das gleiche Schicksal erleiden sollte wie „De twee jonge Hermanns" wenige Wochen zuvor. Auf ein anderes Schiff konnte sich die Mannschaft nun nicht retten, denn die, die sich in der Nähe befanden, waren bereits untergegangen. Insgesamt gab es 450 Schiffbrüchige von 14 Walfangschiffen, die sich in mehreren Gruppen auf den Weg über das Packeis in Richtung Festland machten. Der Proviant war knapp, die Kälte unerträglich. Fast 300 Seeleute verhungerten, erfroren, starben an Skorbut oder ertranken im kalten Wasser, wenn sie beim Sprung auf eine andere Eisscholle ausrutschten. Am 11. Oktober erreichte die mittlerweile zusammengeschrumpfte und völlig entkräftete Gruppe Kap Farvel, die südlichste Spitze Grönlands, wo sie von Einheimischen gerettet wurde und dort überwinterte, denn vor dem Frühjahr fuhr kein Schiff mehr nach Dänemark. Von den 51 Seeleuten aus Rømø, die auf sechs im Eismeer versunkenen Walfangschiffen angeheuert hatten, kehren im Sommer 1778 nur 29 auf die Insel zurück. Einer davon war Anders, der später selbst Kommandeur auf einem Walfänger wurde.

„Geboren am 18. Mai 1765, vermisst und überwintert auf Grönland 1777, gestorben am 6. November 1833" – so steht es auf Anders Lists Grabplatte auf dem Kirchhof der Sankt Clemens Kirke (11). 1777 ist als Unglücksjahr mit den drei Sieben in die Geschichte Rømøs eingegangen.

› siehe auch Literaturtipp auf S. 127

und Gemeinde für alle Seeleute im Eismeer. Kehrten diese wohlbehalten auf die Insel zurück, baten sie den Pastor, Gott für die gute Reise zu danken. Die Kommandeure unter ihnen gaben dem Geistlichen dafür einen Reichstaler.

An der **nördlichen Mauer des Friedhofs** der Sankt Clemens Kirke befindet sich eine außergewöhnliche

Sammlung von **Grabsteinen** wohlhabender Walfangkapitäne, die **Kommandør-Steine.** Die Steine lagen ursprünglich flach über den Gräbern. Da die **Witterung** ihnen stark zusetzte, wurden sie 1964 an der Mauer mit Ausrichtung zur Sonne hin angebracht.

Die „Kommandeure" brachten die Steine aus Kalk- und Sandstein von ihren Reisen mit und ließen die **Meißelarbeiten** teilweise in Holland bei **bekannten Steinmetzen** anfertigen. Da das Todesdatum zum Zeitpunkt der Anfertigung natürlich noch nicht feststand, wurde es nach dem Tod auf Rømø eingefügt. Schaut man genau hin, sieht man, dass das Todesdatum nicht so sorgfältig gearbeitet ist wie der Rest der Schriftzüge. Auf einigen Steinen wird neben den Daten des Kapitäns auch eine kurze **Familienchronik** erwähnt.

Der wohl auffälligste Stein ist der von Kommandeur **Matthis Svensen Schouw**, der nicht nur durch seine Größe imponiert. Man erfährt den Namen seiner Frau und den seines Schiffes: „Zwanen". Den Lebensdaten folgt ein Bibelspruch. Den Abschluss des Steins bildet ein Segelschiff, das im Hafen liegt. Rechts davon stehen die männlichen, links die weiblichen Familienmitglieder und winken dem Schiff auf seiner letzten Reise in den himmlischen Hafen zu.

› Havnebyvej 152, Kirkeby, www.sogn.dk/roemoe (nur auf Dänisch), geöffnet: tägl. 8–16 Uhr

⓬ Sønderstrand ★★★ [bl]

Der Sønderstrand ist eine gigantische **Spielwiese für Sonnenanbeter, Strandsegler, Kitebuggyfahrer, Windsurfer und Reiter** und meist nicht so voll wie der Lakolk Strand ❶. Damit sich Badegäste und sportlich Aktive nicht in die Quere kommen, steht jedem ein durch Schilder klar abgegrenztes Gebiet zur Verfügung. Das Ufer ist hier **sehr flach** und man muss zum Schwimmen weit hineingehen – der Strand ist daher besonders für **Familien mit Kindern** geeignet. Am Strand wird Kitebuggy-Unterricht (s. S. 59) angeboten, Kitebuggys können aber auch direkt am Sønderstrand gemietet werden.

Kitebuggys am Sønderstrand

Infos und Reisetipps Rømø

- **Touristeninformation Rømø** <001> Nørre Frankel 1, Havneby, www.romo.dk, Tel. 74755130, geöffnet: Mo.-Fr. 9-16.30, Sa. 9-17, So. 9-12 Uhr, im Juli/Aug. Mo.-Fr. 9-17, Sa. 9-18, So. 9-15 Uhr. Besucher erhalten ausführliche Informationen über die Insel in Form von Broschüren und Prospekten, Inselplänen sowie Karten für Wanderungen und Radtouren. Die Touristeninformation fungiert gleichzeitig als das offizielle Ferienhausvermietungsbüro der Insel (**Feriepartner Rømø).**
- **Fahrradverleih Rømø Cykler** <002> Nørre Frankel 1 b, Tel. 88935040, www.romo cycler.dk, geöffnet: April-Juni u. Sept.-Okt. tägl. 10-17 Uhr, Juli/Aug. tägl. 9-18 Uhr. Vermietet werden Touren- und Trekkingräder, E-Bikes, Mountainbikes, Kinderräder, Tandems, Kindersitze und Fahrradanhänger. Kostenloser Bring- und Holservice ab einer Mietdauer von fünf Tagen.
- **Öffentliche Verkehrsmittel:** Rømø ist mit der Buslinie 285 mit Skærbæk 51 auf dem Festland, dem Ort am anderen Ende des Rømø-Damms, verbunden. Haltestellen befinden sich im Gebiet Nørre Tvismark am Juvrevej, Vesterhavsvej und Havnebyvej, im Gebiet Lakolk am Vendepladsen, in Kongsmark und Havneby 9. Fahrpläne siehe www.sydtrafik.dk.
- **Post:** Eine Post gibt es auf der Insel nicht, im Supermarkt Let Køb (s. S. 51) werden jedoch Briefmarken verkauft und Briefe sowie Päckchen verschickt.

Unterkünfte

Die beliebtesten Unterkünfte auf Rømø sind **Ferienhäuser- und wohnungen**, gefolgt von **Campingplätzen.** Es gibt ansonsten nur drei kleine Hotels sowie eine Jugendherberge auf der Insel. Die **Tourismuszentrale Dänemark** bietet auf ihrer Website www.visitdenmark.de eine Übersicht über Ferienhaus- und weitere Unterkunftsanbieter an. Die **Hochsaison** auf Rømø dauert von Juli bis Mitte August. In diese Zeit fallen die dänischen Schulferien, sodass viele Unterkünfte für diesen Zeitraum schon früh ausgebucht sind. Ab Mitte/ Ende August werden die Unterkünfte preiswerter.

034rf-cl

- **Danhostel Rømø** € <003> Lyngvejen 7, Tel. 74755188, www.danhostelromo.dk. **Preiswert übernachten in absoluter Ruhe inmitten der Natur:** Jugendherberge in altem Kommandeurshof aus dem 18. Jh. Idyllische Lage am Wattenmeer am südöstlichen Ende Rømøs. 24 Zimmer, davon fünf mit eigenem Bad/WC. Gästeküche, Fernsehzimmer und Parkplatz.
- **Enjoy Resorts Rømø** €€-€€€ <004> Vestergade 31, Havneby, Tel. 74755655, http://enjoyresorts.dk/enjoy-resorts-roemoe. **Dänemarks größtes Wellness-Resort:** 200 modern eingerichtete Ferienwohnungen für jeweils 4, 6 und 8 Personen. Zum Resort gehören das Badeland (s. S. 52) mit Wellnessbereich, ein Restaurant, eine Bowlingbahn und der Rømø Golf Klub (s. S. 59).
- **Feriecenter Rim Rømø** €€ <005> Vestergade 239, Havneby, Tel. 74755758, www.rim-romo.dk. Hier stehen Ferienhäuser für 4, 6 oder 8 Personen zur Wahl. **Außen- und Innenpools, Sauna und Freizeitangebote:** Auf dem Gelände mit Dorfcharakter gibt es einen kleinen Laden, Tischtennisplatten, Billardtische und Fitnessgeräte.
- **Feriepartner Rømø** €€, Büro in der Touristeninformation Rømø (s. S. 48), www.feriepartner.de/roemoe. **Die Mindestmietdauer beträgt nur drei Tage:** Der Vermittler, Teil von Feriepartner Danmark, offeriert rund 33 Ferienhäuser in verschiedenen Größen und Preisklassen auf ganz Rømø.
- **First Camp Lakolk Strand** €-€€ <006> erreichbar über Vesterhavsvej, Tel. 74755228, http://de.firstcamp.se/lakolk-strand, geöffnet: April–Okt. **Für Familien:** Campingplatz für Zelte, Wohnwagen und Wohnmobile. Ferner gibt es Hütten mit Platz für bis zu 6 Personen, ein Restaurant und einen Supermarkt neben dem Campingplatz. Im Blix-Kinderklub werden während der Hochsaison allerlei Aktivitäten für die Kinder veranstaltet.
- **Havneby Kro** €€ <007> Skansen 3, Havneby, Tel. 74757535, www.havneby-kro.dk. **Zentral gelegen:** Traditionelles Gasthaus aus dem 17. Jh., nicht weit vom Hafen entfernt. Das kleine, familiengeführte Hotel verfügt über neun Zimmer mit Bad und Blick auf das Meer in drei Kategorien sowie zwei Wohnungen mit je 65 m². Mit angeschlossenem Restaurant (s. S. 50).
- **Hotel Lakolk** €€ <008> Lakolk 150, Tel. 74755145, www.hotel-lakolk.dk. **Direkt am Strand von Lakolk:** Das Familienhotel bietet 58 einfach eingerichtete Zimmer mit Bad/Dusche, darunter Familienzimmer mit Miniküche. Vom Hotel gibt es einen direkten Zugang durch die Dünen zum Strand. Kostenloses WLAN in den öffentlichen Bereichen, in den Zimmern gegen Gebühr. Wäscherei, Billardtisch sowie Kaffee und Tee in den Gemeinschaftsräumen.
- **Kommandørgården** €€ <009> Havnebyvej 201, Tel. 74755122, www.kommandoergaarden.dk. **Mit Wellnesscenter:** familiengeführtes Hotel, 83 Zimmer (darunter Apartments mit Küche) und 36 Hütten. Innen- und Außenpool, Restaurant, Reitmöglichkeiten und -unterricht. Hunde und Katzen sind erlaubt, auch das eigene Pferd darf mitgebracht werden.

Essen und Trinken

- **Café Fru Dax** € <010> Lakolk Butikscenter 7, Tel. 74757509, www.frudax.dk, geöffnet: Mo.–Do. 10–20.30, Fr./Sa. 10–21, So. 10–20.30 Uhr. Gemütliches, kleines Café mit Terrasse. Angeboten werden u. a. eine Frühstücksplatte, Sandwiches, Burger, *smørrebrød* (belegte Brote), Nachos, Steaks, Wiener Schnit-

◁ Die Buslinie 285 verbindet Skærbæk 51 mit Rømø

035rf-cl

zel, Salate, Kindergerichte, vegetarische Speisen und Beeren-Smoothies.

- **Café Midtpunkt** € <011> Lakolk Butikscenter 6, Tel. 74755368, www.cafemidtpunkt.dk, geöffnet: tägl. 10–20 Uhr. Spezialität ist das Rømø-Eis mit hausgemachten Waffeln, Schlagsahne und Marmelade. Auf der Karte stehen außerdem Frühstück und warme sowie kalte Gerichte zu Mittag wie Würstchen mit Pommes, Currywurst, Kartoffelsalat, Hotdogs, Burger, Sandwiches, Pasta und Pizza.
- **Country Café Rømø** € <012> Lakolk Butikscenter 1, Tel. 20105777, www.countrycafe.dk, geöffnet: tägl. 11–23 Uhr. Die einzige Kneipe der Insel. Vorwiegend amerikanische Country-Musik, kleine Bühne für Musiker.
- **Hattesgaard Cafe** € <013> Hattesvej 17, Tel. 73755211, www.hattesgaard.dk, geöffnet: tägl. 11–17 Uhr. Seit einer umfassenden Renovierung 2014 beherbergt der frühere Kommandeurshof, einer der ältesten der Insel, ein Café mit Antiquitätengeschäft. Kaffee, Tee, selbst gebackener Kuchen und andere Köstlichkeiten werden im nostalgischen Ambiente kredenzt. Außentische auf der Terrasse mit Blick über das Wattenmeer. WLAN.
- **Havneby Kro** €€ (s. S. 49), geöffnet: ganzjährig Di.–Fr. 16–20, Sa. 13–20 Uhr. Hier gibt es Fisch- und Fleischgerichte, Pizza und Pasta sowie vegetarische und vegane Speisen auf Anfrage. Büfettabende mit einer großen Auswahl von Fisch und Fleisch, Salaten, Desserts und Eis. Im Angebot sind zudem Spezialbiere, die von der Mikrobrauerei Trolden Bryghus in Kolding (Festland) einzig für den Havneby Kro hergestellt werden. Kindermenüs erhältlich.
- **Holms Røgeri & Restaurant** €€ <014> Nordre Havnevej 1, Tel. 74755066, www.holmsrogeri.dk, geöffnet: Di.–Do. 11–20, Fr.–So. 11–21 Uhr. Das Restaurant mit Fischladen am Hafen bietet eine große Auswahl an Fisch- und Fleischgerichten an. Jeden Fr. und So. gibt es 18–21 Uhr ein großes Büfett mit Fischspezialitäten und Meeresfrüchten. Wer im Ferienhaus selbst kochen möchte, kann frisch geräucherten Fisch, diverse Fischsorten und Schalentiere erwerben. Für den Hunger zwischendurch gibt es frische Fischbrötchen.
- **Otto & Ani's Fisk** € <015> Havnepladsen 4, Tel. 74755306, www.facebook.com/Otto.Ani, geöffnet: tägl. 10–18 Uhr. Auf der Karte des kleinen Restaurants am Hafen mit eigener Räucherei und Fischgeschäft stehen alle Arten von gebratenem Fisch mit Pommes, Kartoffelsalat oder Folienkartoffel, geräucherte Filets, Rømø-Krabben und Fischbrötchen. Mit Kindermenü.

Der unechte Koch wirbt für sein Restaurant

› **Ristorante Europa** € <016> Vestergade 2, Tel. 74757460, geöffnet: Di.-So. 12-21 Uhr, im Winter geschlossen. Antipasti, Suppen, Salate, Fisch- und Fleischspeisen, Pasta und Pizza, dazu Kinderteller. In dem italienischen Restaurant schmeckt die Pizza so lecker wie in Italien, denn Inhaber Giosue Patti ist Sizilianer. Mit Take-Away-Service.

› **Rømø Bageriet** € (s. rechts). Im Café der Bäckerei werden Frühstück, Mittagssnacks sowie Kaffee und Kuchen serviert.

› **Rømø Pandekagehus** € <017> Vestergade 6, Tel. 26538444, geöffnet: Di.-Do. 13-20, Fr.-So. 12-21 Uhr, im Winter geschlossen. Spezialität sind gefüllte Pfannkuchen, aber es stehen auch Sandwiches, Burger, Nachos und Kebab auf der Karte, außerdem Kindergerichte, Churros und belgische Waffeln.

Einkaufen

› **by Vicky** <018> Lakolk Butikscenter 19, Tel. 88935152, Facebook-Seite, geöffnet: tägl. 10-17.30 Uhr. Kleine Boutique mit Damenmode bekannter Marken, u. a. von dem dänischen Label Ilse Jacobsen.

› **Galleri Mellem Ebbe og Flod** <019> Vestergade 3, Havneby, Tel. 74756119, www.mellemebbeogflod.dk, geöffnet: tägl. 10-17 Uhr. Kunsthandwerk, Fotografien, Malerei, Wolle, Garne, Selbstgestricktes und -gewebtes. Ein Hingucker im Laden ist der große Webstuhl.

› **Hattesgaard Cafe** (s. S. 50). Im Café mit Antiquitätengeschäft werden auch Dekoartikel, Kaffee, Tee, Marmelade und Süßigkeiten verkauft.

› **Let Køb** <020> Havnebyvej 25, Tel. 74755131, geöffnet: tägl. 7-19 Uhr. Überschaubarer Supermarkt mit einem Sortiment an Waren, die den täglichen Bedarf decken. Deutsche Zeitungen erhältlich.

› **Rømø Bageriet** € <021> Havnebyvej 214, Tel. 74755244, www.romobageri.dk, geöffnet: im Sommer tägl. 6.30-19 Uhr, sonst Mo.-Do. u. So. 6.30-16.30, Fr./Sa. 6.30-17.30 Uhr. Die einzige Bäckerei auf Rømø bietet eine große Auswahl an Brot und Kuchen, für Allergiker auch zucker-, gluten- und laktosefrei. Mit Café.

› **Rømø Lys** <022> Lakolk Butikscenter 18, Tel. 73755151, www.romolys.dk, geöffnet: tägl. 10-17.30, im Juli/Aug. bis 19 Uhr. Neben Geschenkartikeln, Keramik, Glas und Delikatessen gibt es hier handgefertigte Kerzen in allen Farben und Formen zu Fabrikpreisen. Wer möchte, kann selbst Kerzen ziehen. Vor allem Kinder sind von dieser Aktivität begeistert.

› **Rømø Supermarked** <023> Lakolk Butikscenter 25, Tel. 74755302, geöffnet: tägl. 7-19 Uhr. Frisches Obst und Gemüse, Fleischwaren, Getränke, frisch gebackenes Brot und Zeitungen.

› **Sport Outlet** <024> Nordre Havnevej 38, Havneby, Tel. 75221648, geöffnet: tägl.

036rf-cl

Webstuhl in der Galleri Mellem Ebbe Og Flod

EXTRATIPP

Holzkunst und Malerei

Der **Holzkünstler Pit Peters** und die **Malerin Barbara Wortmann** kommen seit 2010 nach Rømø, wo sie mit Wohnwagen und mobiler Werkstatt von Ostern bis Mitte Oktober leben und arbeiten. Pit Peters bringt in seinen Drechselarbeiten das Leben und die Kraft von Holz mit unterschiedlichen Techniken in Form von Vasen und Schalen kreativ zur Geltung. Barbara Wortmann malt das, was die Insel aus ihr macht: „Man speichert ja ganz viel ab, man hat diese Atmosphäre, die Geräusche, den Wind und die Vielfalt im Kopf. Ich mache Skizzen und Fotos und daraus entsteht ein Gemälde. Ich will auf meinen Bildern die Atmosphäre der Insel darstellen."

Das Künstlerpaar aus dem nordfriesischen Reußenköge liebt den Sand, die Weite und die Ruhe der Insel. „Und das Nicht-Mondäne. Rømø ist das genaue Kontrastprogramm zu Sylt. Hier ist alles einfach bodenständiger, ruhiger und natürlicher", sagt Pit Peters. Den beiden gefällt die Mentalität der Dänen, die besonders locker und zugänglich seien, ergänzt Barbara Wortmann. Der künstlerische Austausch sei direkt, persönlich und familiär – ganz im Gegensatz zum Deutschland, wo Künstler auch mal die Bodenhaftung verlören.

› **Galerie Pit Peters** <026> Nørre Frankel 2, Havneby, geöffnet: Ostern–Mitte Okt. Do.–So. 11–17 Uhr

☒ *Bei einer Wattwanderung (s. S. 60) trifft man auf spannende Bewohner wie diesen Wattwurm*

10–17.30 Uhr. Große Auswahl an Sportkleidung und -zubehör.

› **Westwind** <025> Vestergade 2, Havneby, Tel. 51577838, www.west-wind.dk, geöffnet: tägl. 10–17 Uhr. Sportswear und Accessoires wie Rucksäcke, Mützen und Gürtel.

Rømø mit Kindern

› **Badeland im Enjoy Resort** (s. S. 49), im Sommer tägl. von 9–20 Uhr geöffnet. Wer in einer Ferienwohnung von Enjoy Resorts wohnt, hat freien Zugang zum Badeland (Pool, Whirlpool und Kinderpool), ansonsten kostet der Eintritt 75 dkr für Erw. und 35 dkr für Kinder. Der Pool ist 1,40 bis 1,60 m tief, die Wassertemperatur beträgt 28 Grad. Im Baby- und Kinderplanschbecken ist das Wasser 32 Grad warm. Haben sich die Kinder im Schwimmbecken ausgetobt, gibt es einen Kinderspielraum mit Playstation, Wii, Spielburg und Tischtennis. Für größere Kinder steht eine blitzschnelle Internetverbindung zur Verfügung, sodass sie im Cyberspace abtauchen können.

› **Naturcenter Tønnisgård** ❷. Das Naturcenter bietet zahlreiche Expeditionen und Workshops für Kinder jeden Alters an. Im Workshop „Drachenbau", der von Mai bis Oktober immer dienstags stattfindet, lernen die Kleinen, wie man einen Schlitten- oder Kampfdrachen baut. Mittwochs wird kreativ mit Muscheln gebastelt und im Workshop „Wolle wie in alten Zeiten" werden Wollfäden zu Armbändern und Halsketten verarbeitet. Bei einer Wattexpedition entdecken Kinder mit allen Sinnen das Leben im Wattenmeer, beim Garnelenfischen dürfen die Kleinen die Garnelen pulen, die danach am Strand zubereitet und probiert werden können, und bei einer Kutschfahrt auf den Waldwegen der Kirkeby Plantage erleben die Kinder Rømøs wunderbare Natur. Wer in den Herbstferien (Oktober)

037rf-cl

nach Rømø kommt, kann Kürbisse zu Laternen schnitzen.

› **Rømø Play- & Horseland** <027> Kommandørgårdens Camping, Havnebyvej 201, Tel. 74755122, http://camping.kommandoergaarden.dk, im Juli/Aug. tägl. 11.30–20 Uhr geöffnet, Juni–Mitte Sept. Do.–So. 10.30–16 Uhr, die Wasserrutschen sind im Juli/Aug. tägl. von 12 bis 14 Uhr und 15.30 bis 17 Uhr geöffnet. Im Familienpark gibt es zahlreiche Spielmöglichkeiten, 100 Islandpferde und die beiden Wasserrutschen „Wild River" und „Black Tunnel".

› **Rømø Ponyfarm** <028> Rimmevej 47, Sønderstrand, Tel. 24415741, www.romo-ponyfarm.com, telefonische Vorreservierung erwünscht. Auf Islandpferden und Shetlandponys reiten Groß und Klein über den Strand. Für jede Altersklasse ist das passende Pony dabei.

› **Spiel- und Labyrinthpark** <029> Engvej 5a, Havneby, Tel. 20461461, http://romolab.dk, geöffnet: Mitte März bis Ende Okt. tägl. 10–17 Uhr, Juli/Aug. bis 18 Uhr, an manchen Tagen bis 16 Uhr (siehe Website), Familienticket (2 Kinder/2 Erw.) 225 dkr (Hochsaison 250 dkr), ansonsten Kinder und Erw. 60 dkr pro Person (Hochsaison 70 dkr). Hier gibt es eine Tarzanbahn, ein 1200 m² umfassendes Labyrinth und jede Menge spannende Spiele, darunter Mathematikspiele für Groß und Klein.

Wassersport und Outdooraktivitäten Rømø

Baden

Die **Wasserqualität** der Nordsee ist im Allgemeinen hervorragend. Das Wasser ist meistens **kalt**, denn auch im August wärmt es sich nur langsam auf und überschreitet selten die 17-Grad-Marke.

Zum Baden ist die gesamte **Süd- und Westküste** geeignet. Rømøs Strände wurden aufgrund ihrer hohen Qualität mit der **Blauen Flagge** ausgezeichnet. Sie erstrecken sich zwölf Kilometer von Nord nach Süd und sind je nach **Gezeitenstand** zwischen einem und vier Kilometer breit, wobei **Juvre Sand** [bg], der nördlichste Teil des Strandes, **militärisches Sperrgebiet** ist und nicht betreten werden darf.

Im **Süden und Südwesten** erstreckt sich der breiteste Strandabschnitt der Insel, der **Sønderstrand** (12), der mit seinem flach abfallenden Ufer besonders für **Familien mit Kindern** geeignet ist. Ebenfalls beliebt bei Sonnenanbetern und Badenden ist der **Lakolk Strand** (1) im **Westen** der Insel.

Beide Strände dürfen **mit dem Auto und dem Wohnmobil befahren** werden – die Höchstgeschwindigkeit beträgt 30 km/h. Weiter westlich liegt **Havsand** [bl], wo vor allem morgens viele Reiter unterwegs sind. Damit sich Badegäste, Kitebuggyfahrer, Strandsegler und Reiter nicht in die Quere kommen, sind die jeweiligen Bereiche mit Schildern versehen. **Zwischen Havsand und Lakolk** erstreckt sich eine **autofreie Zone.**

Eine **FKK-Zone** (**Fribadestranden**) befindet sich einen Kilometer nördlich vom Sønderstrand.

Da die meisten Badenden am **Lakolk Strand** ihr Handtuch ausrollen, sind dort im Juli und August **rot-weiße Rettungsschwimmertürme** aufgebaut, die täglich von 11 bis 19 Uhr mit ausgebildeten Küstenrettungsschwimmern besetzt sind. Weht eine rot-gelbe Fahne am Turm, bedeutet das, dass Rettungsschwimmer vor Ort sind. Eine gelbe Fahne signalisiert Gefahr wie z. B. starke Strömung, eine rote Flagge bedeutet Lebensgefahr – dann ist Baden verboten.

Wenn das Wetter zu wünschen übrig lässt, kommen Badehungrige im **Badeland** von Enjoy Resorts in **Havneby** 9 auf ihre Kosten. Ein weiteres Spaßbad findet sich in Skærbæk 51 auf dem Festland, das **Skærbæk Kursus- og Fritidscenter** (s. S. 108).

› **Enjoy Resorts Rømø** (s. S. 49), http://enjoyresorts.dk/enjoy-resorts-roemoe (unter „Badeland"), geöffnet: im Sommer tägl. 9–20 Uhr, Eintritt: Badeland Erw. 75 dkr, Kinder 35 dkr, Wellnessbereich 250 dkr (Zutritt ab 16 Jahren). 2600 m² großes Badeland mit Pool, Whirlpool und Kinderpool. Wer in einer Ferienwohnung von Enjoy Resorts wohnt, hat freien Zugang zum Spa-, Wellness- und Poolbereich.

Tipps für einen sicheren Aufenthalt am Meer

› Suchen Sie den nächstgelegenen Rettungsposten auf und halten Sie sich an die angeschriebenen Strandregeln.

› Gehen Sie bei schlechtem Wetter und hohem Wellengang sowie unter Alkoholeinfluss nicht ins Wasser.

› Auch wenn die Wetterlage ruhig ist, gibt es Strömungen. Gehen Sie deshalb lieber ohne Luftmatratze oder aufblasbare Schwimmtiere ins Wasser bzw. schlafen Sie nicht darauf ein.

› Beachten Sie, dass zwischen den Sandbänken das Wasser schnell tiefer werden kann. Mit den Brandungsrückströmen gelangen Sie so zwangsweise ganz schnell hinaus ins offene Meer.

› Die Nordsee mit ihren teils hohen Wellen ist nur für Kinder geeignet, die gut schwimmen können.

› Wenn Sie kleine Kinder dabei haben, nutzen Sie zur Sicherheit eine Badeschnur, denn der Unterstrom kann gefährlich werden.

› Bleiben Sie in Ruf- und Sichtweite Ihrer Kinder, damit Sie rasch eingreifen können, falls diese bei Strömung und hohem Wellengang Hilfe benötigen.

› Wenn Sie Nichtschwimmer sind, gehen Sie niemals weiter als bis zur Taille ins

EXTRAINFO

Notfall am Strand

An dänischen Stränden wurden **grüne Schilder mit einer Zahl** angebracht, die bei Notrufen (Tel. 112) genannt werden muss. Der Fahrer des Rettungswagens weiß dann genau, wo sich der Verunglückte befindet. Die Schilder befinden sich dort, wo **Rettungsringe** sind.

038rf-cl

Wasser und halten Sie sich entlang der Küste auf. Auch gute Schwimmer sollten keinesfalls ins offene Meer hinaus, sondern entlang der Küste schwimmen.

› Wenn Sie in eine Strömung geraten, schwimmen Sie auf keinen Fall dagegen an. Lassen Sie sich ein Stück weit hinaustreiben – sobald die Strömung schwächer wird, schwimmen Sie zur Seite und zum Strand zurück.

Wassersport

Am Nordseestrand von Rømø geht es windig zu – **Wind- und Kitesurfer** kommen hier auf ihre Kosten. Da man mit dem **Auto** bis nahe ans Wasser fahren kann, muss man das **Equipment** nicht weit tragen.

Hotspot für Windsurfer ist der **Lakolk Strand** ❶. Windsurfkurse werden allerdings nicht angeboten. **Kurse im Kitesurfen** gibt es hier:

› **Kitesyd** <030> Sønderstrandvej, www.kitesyd.dk

Radfahren

Etliche **Radwege** erschließen Rømø auf seiner gesamten Länge und Breite. Das Radeln macht Spaß und strengt nicht an, denn die Insel ist **flach.** Zu den schönsten Routen zählt die im Folgenden skizzierte Inselrundfahrt durch die Dünenlandschaften Rømøs. Das **Naturcenter Tønnisgård** ❷ veranstaltet von April bis Oktober Radtouren.

Es gibt mehrere **Fahrradverleihe** auf der Insel, etwa den **Fahrradverleih Rømø Cykler** (s. S. 48) in Havneby. Manche Ferienhausanbieter vermieten Räder sogar direkt an ihre Gäste.

Touren- und Trekkingräder **kosten** um 60–75 dkr/Tag, E-Bikes rund 185 dkr/Tag.

Inselrundfahrt mit dem Rad

Die Tour startet am Havnebyvej in **Havneby** ❾ in der Nähe des **Hafens.** Von dort folgt man dem **Radweg,** der parallel zum Havnebyvej verläuft, in nördliche Richtung. Die erste Sehenswürdigkeit auf der Strecke ist die **Sankt Clemens Kirke** ⓫ auf der linken Straßenseite. Wenig später kommt man linker Hand am **Naturcenter Tønnisgård** ❷ vorbei. Weiter geradeaus radelnd, werden nach einiger Zeit die **Toftum Skole** ❻ und den **Kommandørgården** ❺ erreicht – letzterer lädt zu einer Besichtigung ein, während sich das angeschlossene **Café** für eine Stärkung anbietet.

Vom Kommandørgården folgt man dem Radweg zurück in Richtung Süden bis zum rechts abzweigenden **Ringvejen.** Hier geht es in Richtung Westen weiter. Wer eine Pause einlegen will, kann einen **Abstecher zum Høstbjerg** machen, die Holztreppe hinaufsteigen und die Aussicht über die Insel genießen.

› **Charakter:** Abwechslungsreiche Tour, für die eine gute Kondition erforderlich ist. Die Strecke ist zwar flach, aber wer nur selten Rad fährt, kommt bei der Länge ganz schön ins Schwitzen.

› **Ausgangs- und Endpunkt:** Havnebyvej in Havneby ❾ in Hafennähe

› **Länge:** 31 km

› **Dauer:** 2–4 Std. (je nach Geschwindigkeit und Stopps)

› **Einkehr:** Café im Kommandørgården ❺ nach dem ersten Drittel, Café Fru Dax in Lakolk (s. S. 49) etwa nach der Hälfte der Strecke

› **Anfahrt:** mit dem Auto oder Fahrrad bis zum Hafen, wo man das Fahrzeug auf dem Parkplatz stehen lassen kann

Danach führt der Ringvejen durch ein **Ferienhausgebiet** aus den 70er-Jahren. Rechter Hand zweigt ein kleiner, ausgeschilderter **Pfad nach Lakolk** und zu einem wunderschönen Gebiet mit **Strandwiesen** ab. In Lakolk kann man im **Café Fru Dax** (s. S. 49) einkehren und dort zu Mittag essen oder einen Kaffee trinken.

Anschließend geht es über den **Småfolksvej** in östliche Richtung zurück zur Hauptstraße Havnebyvej. Hier erwartet den Radler ein **fantastischer Ausblick** über die Dünen- und Heidelandschaft.

Beim ersten **Parkplatz** auf dem Havnebyvej biegt man rechts auf den **gelb gekennzeichneten Wanderweg** ab und folgt ihm, bis man rechter Hand den **Spidsbjerg** erreicht. Kurz dahinter biegt man abermals rechts ab.

Nach etwa 200 m vereint sich der Radweg mit einem **Reiterweg**, weshalb der Weg nun recht **sandig** ist und man das Fahrrad eventuell für eine kurze Strecke schieben muss, bis man schließlich den **Grammarksvej** erreicht. Danach geht es rechts auf einem **Schotterweg** und später auf **Waldwegen** bis zum **Rimmevej** weiter.

Routenverlauf im Inselplan
Die hier beschriebene Fahrradroute und die Wanderungen sind mit farbigen Linien im Inselplan eingezeichnet.

Nicht weit entfernt erstreckt sich der **Sønderstrand** 12. Vom Rimmevej geht es bis zum Südrand der Insel. Links in den **Sønderstrandvej** abbiegend und über die nach einer Links-Rechts-Kurve beginnende Vestergade gelangt man zurück zum Hafen in **Havneby.**

Wandern

Auf Rømø gibt es **drei gelb gekennzeichnete Routen.** Dabei handelt es sich um **Rundgänge in den Plantagen Tvismark, Kirkeby und Vråby.** Die drei Routen sind zwischen zwei und vier Kilometer lang und so leicht begehbar, dass auf Wanderschuhe verzichtet werden kann.

Unterwegs in der Tvismark Plantage [ci]

039rf-cl

Wanderung 1: Tvismark Plantage und Høstbjerg

Die mit einem **gelben Punkt** gekennzeichnete Route beginnt beim **Parkplatz** nördlich des **Vesterhavsvej** und führt auf einem **sandigen, kurvigen Pfad** Richtung Norden durch die offene Dünenheide zum 19 Meter hohen **Høstbjerg.** Auf dem Weg dorthin erhält man einen hervorragenden Eindruck von der Natur der Insel, denn die Route folgt der **Grenze zwischen Wald und Dünenheide.** Im August und September blüht das Heidekraut und leuchtet in einem lila Farbenmeer. Man kommt immer wieder an **Bienenkästen** vorbei, in denen die fleißigen Insekten leckeren Heidehonig produzieren, der auf der Insel verkauft wird.

Schon von Weitem sieht man den Høstbjerg, zu dem eine **schmale Holztreppe** hinaufführt. Ganz oben steht ein **Stein**, der einen geodätischen Punkt markiert. Die kleine **Aussichtsterrasse** bietet einen herrlichen Blick über die gesamte Insel.

- **Charakter:** leicht begehbare Wege in der Dünenheide
- **Ausgangs- und Endpunkt:** zwei Parkplätze nördlich des Vesterhavsvej
- **Länge:** 3 km
- **Dauer:** 1–1,5 Std.
- **Einkehr:** Unterwegs gibt es keine Möglichkeit, aber nach der Wanderung kann man sich im Hattesgaard Cafe (s. S. 50) ein Stück Kuchen gönnen.
- **Anfahrt:** Mit dem Auto aus Havneby 9 kommend, biegt man kurz nach dem Naturcenter Tønnisgård 2 links in den Vesterhavsvej ein. Die beiden Parkplätze befinden sich auf der rechten Straßenseite.

Der Rundgang führt nun zum Parkplatz zurück. Unterwegs kommt man an einem mit Graffiti besprühten **Bunker** aus dem Zweiten Weltkrieg vorbei, der sich im Rahmen einer Bunkerführung des Naturcenter Tønnisgård (s. S. 39) besichtigen lässt.

Wer nach der Wanderung am **falschen Parkplatz** ankommt und sein Auto vermisst, hat die richtige Abzweigung verpasst, was häufig geschieht, wenn man zum ersten Mal in der Tvismark Plantage unterwegs ist. In diesem Fall marschiert man einfach auf der Straße zum richtigen Parkplatz (ca. 5 Min.).

Wanderung 2: Kirkeby Plantage und Spidsbjerg

Die Kirkeby Plantage ist mit 30.000 m² die größte der drei Plantagen auf der Insel. Vom **Parkplatz** führt die **gelb markierte Route** durch einen dichten **Wald** aus Bergkiefern, vorbei an Seen und Mooren, bis zur 19 Meter hohen **Aussichtsdüne Spidsbjerg.**

Wenige Meter nach der Holzschranke am Parkplatz befindet sich auf der linken Seite ein winziger See beim **Hundeskoven** (Hundewald), ein eingezäuntes Gebiet, auf dem sich Vierbeiner austoben dürfen.

Geradeaus gelangt man zur ersten **Wegkreuzung.** Dort biegt man links ab und folgt dem Waldweg. Rechter Hand, ein Stück vom Weg ab, befinden sich **drei kleine Seen.** Hier kann man einen Moment verweilen. Weiter geradeaus gehend, passiert man am rechten Wegesrand einen **weiteren winzigen See** und stößt wenige Meter weiter links auf die Düne **Spidsbjerg**, auf die **50 Holzstufen** hinaufführen. Von oben eröffnet sich eine wunderbare Sicht über den Wald, die Dünenheide, das Meer und eine Parabeldüne.

- **Charakter:** leicht begehbare Wege im Kiefernwald
- **Ausgangs- und Endpunkt:** dritter Parkplatz westlich des Havnebyvej
- **Länge:** 4 km
- **Dauer:** 1,5–2 Std.
- **Einkehr:** Unterwegs besteht keine Möglichkeit, aber im Anschluss kann man im Café der Rømø Bageriet (s. S. 51) ein Sandwich oder ein Stück Kuchen essen.
- **Anfahrt:** Aus Havneby 9 mit dem Auto kommend, ist es der dritte Parkplatz der Kirkeby Plantage kurz nach der Sankt Clemens Kirke 11 auf der linken Straßenseite.

Man verlässt die Düne auf gleichem Wege und setzt den Rundgang links fort. Nach wenigen Metern geht man vom Weg ab in den Wald hinein. Rechts sieht man den **Waldsee Hviddal Sø.** Der größte See der Plantage wurde 1980 als Löschteich angelegt. Man marschiert am Seeufer entlang, bis man auf einen Weg stößt. Dort biegt man rechts ab und geht geradeaus zum **Parkplatz** zurück.

Weitere Aktivitäten

Angeln

Im **Fischereihafen von Havneby** 9 tummeln sich Aale und Plattfische an der Hafeneinfahrt – dort ist Angeln erlaubt. Dafür benötigt man einen **Angelschein**, den man in der **Touristeninformation Rømø** (s. S. 48) erwerben kann.

Der zwei Meter tiefe **Angelsee von Rømø (Rømø Fiskesø)** mit Aalen, Karpfen, Gold- und Regenbogenforellen liegt hinter dem Deich im Norden der Insel. **Angelkarten** werden in der **Touristeninformation** verkauft, weitere Verkaufsstellen findet man auf dieser Website:

- www.angelsee.info/ort/romo-fiskeso-put-and-take-forellensee-auf-roemoe
- **Rømø Fiskesø** <031>

Austernsafari

Das **Naturcenter Tønnisgård** 2 veranstaltet in den Monaten Jan.–April und Okt.– Dez. regelmäßig **Touren zu den Austernbänken im Watt.** Dabei darf jeder so viele Austern sammeln, wie er tragen kann und auch vor Ort eine Auster öffnen und sie mit einem der Kräuterschnäpse der Insel genießen. Wer den Fang mit ins Ferienhaus nehmen will, erhält vom Austernführer **Rezepte und Informationen** zur richtigen Zubereitung.

- **Infos:** www.tonnisgaard.dk/austerntour, Dauer: ca. 2 Std., Preis: Erw. 145 dkr, Kinder 50 dkr (nur Barzahlungen in Kronen oder Euro, EC- und Kreditkarten werden nicht akzeptiert), Buchung tel. oder über die Website

Bowling

Jeden Samstag 21–23 Uhr wird bei **Enjoy Resorts** (s. S. 49) Bowling angeboten. Eine Bowlingstunde (55 Min.) kostet pro Bahn mit maximal sechs Personen 120 dkr.

Garnelenfischen

Auch Touren zum Garnelenfischen stehen auf dem Programm des **Naturcenter Tønnisgård** 2. Sie finden im Juli, Aug. und Sept. statt. Mit Krabbennetzen ausgerüstet, geht es ins seichte Wasser zum Garnelenfang. Ist der mitgebrachte Eimer voll, werden die Krabben gekocht und jeder darf probieren.

⊡ *Auf Rømø leben viele Pferde*

040rf-cl

› **Infos:** www.tonnisgaard.dk/garnelenfang, Dauer: ca. 2 Std., Preis: Erw. 95 dkr, Kinder 45 dkr (nur Barzahlungen in Kronen oder Euro, EC- und Kreditkarten werden nicht akzeptiert), Buchung tel. oder über die Website

Golf und Minigolf

Enjoy Resorts (s. S. 49) vermittelt **Golfunterricht** für Anfänger und diejenigen, die ihr Spiel verbessern möchten. Informationen erhält man an der Rezeption des Resorts. Der zum Resort gehörige **Rømø Golf Klub** verfügt über einen 18-Loch- und einen 9-Loch-Golfplatz.

› **Rømø Golf Klub,** Tel. 24253901, www.romo-golfklub.dk

Direkt in den Dünen am **Lakolk Strand** ❶ befindet sich eine **Minigolfanlage** beim Campingplatz **First Camp Lakolk Strand** (s. S. 49).

Kitebuggy

Mit dem Wind als Antrieb saust man mit atemberaubender Geschwindigkeit über den Strand. Der **Sønderstrand** ⓬ ist das Eldorado der Kitebuggyfahrer. Bei **Kitesyd** (s. S. 55) lernt man im Rahmen eines dreistündigen Crashkurses (700 dkr) die Grundtechnik und kann dann direkt loslegen. Wer das Kitebuggyfahren bereits beherrscht, kann sich das Gefährt Mitte Mai–Mitte Okt. samt Helm für drei Stunden zum Preis von 375 dkr ausleihen. Am Sønderstrand gibt es weitere **Kursanbieter** mit Ständen bzw. fahrbaren Büros.

Reiten

Auf dem Rücken eines Pferdes durch Wald und Heide oder über den weiten Strand: Rømø ist ein **Paradies für Reiter.** Auf der Insel gibt es zahlreiche Reiterhöfe, Reitschulen und sogar Pferdepensionen für diejenigen, die mit dem eigenen Pferd anreisen möchten (z. B. das Hotel Kommandørgården, s. S. 49). **Reittouren** mit Pferden aller Größen und Ponys kann man beispielsweise hier buchen:

› **Reiterhof Thomsen** <032> Vråbyvej 9, Havneby, Tel. 74756880, www.sigurd-thomsen.com

Seehundsafari

Sort Safari aus Møgeltønder auf dem Festland veranstaltet während der Sommersaison Robbensafaris im Wattenmeer rund um Rømø. Die Tour beginnt am **Hafen von Havneby** ❾, von wo aus die Teilnehmer zunächst nach Sylt und von dort aus mit einem Holzboot zu den Seehundsbänken gefahren werden.

› **Sort Safari,** Tel. 73726400, https://de.sortsafari.dk (unter „Robben"), Dauer: ca. 4 Std., Kosten: Erw. ab 235 dkr, Kinder bis 14 Jahre 195 dkr

Segway-Touren

› **Vesthop**, Tel. 22621018, www.vesthop.dk, 1 Std. kostet 250 dkr, Treffpunkt während der Saison (Anf. Juli–20. Aug.) Gebäude Nr. 23 am Lakolk Butikscenter, ansonsten das ganze Jahr über nach tel. Vereinbarung.

Tennis

Es gibt **mehrere Tennisplätze** auf der Insel, die meisten befinden sich innerhalb der Feriecenter, etwa im Feriecenter Rim Rømø (s. S. 49).

› **Infos:** www.rim-romo.dk (unter „Freizeitangebote"), 1 Std. ab 80 dkr

Wattwanderung

Das Wattenmeer ist eine der Hauptattraktionen von Rømø – deshalb ist ein Ausflug ins Watt während des Urlaubs fast schon ein Muss. Das **Naturcenter Tønnisgård** ❷ organisiert **von Mai bis Oktober** Exkursionen ins Watt. Diese beginnen direkt im Naturzentrum mit einem 30-minütigen spannenden **Vortrag**, der als Einführung in den Lebensraum Wattenmeer dient. Danach begibt man sich mit dem eigenen Auto oder dem eigenen Fahrrad zum Watt in der Nähe des Hafens.

Hier können Groß und Klein **in Gummistiefeln oder barfuß** unter Anleitung einer **Naturführerin** die Tier- und Pflanzenwelt auf und unter der Wattoberfläche erkunden. Die Expertin hat eine **Grabegabel** dabei, mit der sie Wattwürmer, Sand- und Herzmuscheln, Turmschnecken und Krabben ausgräbt und den Teilnehmern alles Wissenswerte zu den Lebewesen erklärt. Vorsicht vor dem **Schlickwatt** – hier blieb schon so mancher in Gummistiefeln stecken!

› **Infos:** www.tonnisgaard.dk/wattexpedition, Dauer: ca. 1,5 Std., Preis: Erw. 95 dkr, Kinder 45 dkr (nur Barzahlungen in Kronen oder Euro, EC- und Kreditkarten werden nicht akzeptiert), Buchung tel. oder über die Website

Bei einer Wattwanderung erfährt man viel Spannendes über diesen einzigartigen Lebensraum

FANØ

043rf-fo©travelview, stock.adobe.com

Fanø im Überblick

Die kleine Insel in **Sichtweite der Hafenstadt Esbjerg** 29 punktet mit weitläufigen Dünenlandschaften, endlosen Sandstränden und einem der schönsten Dörfer des Landes: Sønderho 21. Gleichzeitig blickt das Eiland auf eine interessante Geschichte zurück: 1741 kaufte sich Fanø von der dänischen Krone frei (s. S. 16), im 19. Jh. war die Insel neben Kopenhagen das **maritime Zentrum Dänemarks** und um 1890 landesweit der erste **Kurort** mit Badehotels. Heute zählt Fanø jährlich 850.000 Übernachtungen, dabei kommen 75 % der Besucher aus Deutschland.

Die Insel besteht aus den beiden größeren Orten **Nordby** 13 im Nordosten und **Sønderho** im Süden sowie den kleineren Ortschaften **Fanø Bad** 18 im Westen und **Rindby** [C4] in der Inselmitte. Die Bewohner Nordbys nennen sich Fanniker, die Bewohner Sønderhos Sønderhoninger.

Hauptort und **Tor zur Insel** ist **Nordby**, wo sich der **Fährhafen** befindet. Eine tidenunabhängige **Fähre** (s. S. 123) verbindet Esbjerg auf dem Festland das ganze Jahr über mit der Inselhauptstadt und verkehrt täglich mehrmals pro Stunde.

In **Fanø Bad** nahm der **Tourismus** Ende des 19. Jh. seinen Anfang. Zwischen Apartmentanlagen und Ferienhäusern stehen noch einige wunderschöne Strandvillen aus jener Zeit. Der **Strand** ist bei Ebbe fast einen Kilometer breit und darf mit dem **Auto** befahren werden.

Vorseite: Hinter diesen Dünen erreicht man den Strand

Im angrenzenden **Rindby Strand** [B4] finden sich die meisten Ferienhäuser und Campingplätze der Insel. Das kleine Dorf Rindby ist landwirtschaftlich geprägt – hier gibt es viele Bauernhöfe.

Sønderho, das alte Seefahrerstädtchen auf der Südseite, ist mit seinen schmucken, reetgedeckten Häusern aus dem 18. und 19. Jh. ein echter **Blickfang**. Im Ort steht eine der wichtigsten Sehenswürdigkeiten der Insel: das original erhaltene **Hannes Hus** 25, das um 1750 erbaut wurde. Weitere Attraktionen sind das **Kunstmuseum** 24 und die **Windmühle** 28 auf einer Anhöhe. Sehenswert ist zudem das Museum **Fanø Schifffahrts- und Trachtensammlung** 14 in Nordby.

Weitläufige Dünenketten und ein bei Ebbe bis zu mehrere Hundert Meter breiter **Sandstrand** erstrecken sich entlang der gesamten **Westküste**, die **Ostküste** ist durch das **Watt** geprägt.

Im Norden liegt die **Marschebene von Grønningen**, im Süden das **Naturgebiet Sønderho Strandsø**, Wohnplatz für Vögel, Insekten und Pflanzen. Die Inselmitte wird von Dünen- und Heidelandschaften durchzogen.

Die **Klitplantage** [C/D5], die zwischen Nordby und Sønderho liegt, wurde 1892 angepflanzt, um den Sandflug zu bremsen. In dem Forst mit gut markierten Wegen befindet sich der **Pælebjerg** (s. Wanderung 1, S. 83), mit 21 Metern die höchste Erhebung der Insel, sowie der große **Waldspielplatz** (s. S. 81) mit Spielgeräten, die von Künstlern aus Naturmaterialien geschaffen wurden.

Aufgrund der Tatsache, dass Sønderho und Nordby symmetrisch an ihren jeweiligen **Gezeitenströmen** liegen, waren die beiden Orte bis ins frühe 19. Jh. voneinander isoliert. Der **Strand** war damals die einzige Möglichkeit, auf dem Landweg von Norden nach Süden zu gelangen. Die **Straße** durch die Heide, die sich heute zwischen den beiden Orten erstreckt, wurde erst 1804 angelegt. Bis dahin war der gesamte Verkehr zu Wasser erfolgt. Der Verkehr von Nordby aus war nach Hjerting bei Esbjerg ausgerichtet, die Sønderhoninger orientierten sich nach Ribe 43.

Wie die Insel erkunden?

Ob mit dem Rad, dem Bus oder dem Auto – alle Sehenswürdigkeiten auf Fanø lassen sich bequem von jedem Punkt der Insel erreichen, denn das Eiland ist nur 16 Kilometer lang, wobei die breiteste Stelle fünf Kilometer misst. Wer nicht mit dem **eigenen Auto** anreist, aber auch nicht auf den Bus angewiesen sein oder in die Pedale treten möchte, für den lohnt sich vielleicht ein **Mietwagen** (z. B. am Flughafen Billund buchbar), der für sieben Tage gar nicht mal so teuer ist.

Der **Bus** der Linie 431 pendelt mehrmals am Tag zwischen Nordby, Fanø Bad, Rindby und Sønderho (Details s. S. 76). Das gut ausgeschilderte **Radwegnetz** (Details s. Radfahren S. 87) verbindet die Orte und Strandgebiete ebenfalls. Da die Insel flach ist, gibt es keine Hügel, auf die man sich mit dem Rad hinaufquälen muss. Am Strand muss man allerdings häufig mit Gegenwind rechnen.

044rf-cl

Eines der typischen Häuser von Fanø

KURZ & KNAPP

Die Entstehung Fanøs

Der **Legende** nach gab es einmal **zwei Seefahrer**, die den **Riesinnen Fenja und Menja** dienten. Nach vielen Jahren des treuen Dienstes erhielten die beiden zum Abschied je eine Salzmühle und segelten anschließend auf zwei Schiffen davon, die nach den Riesinnen benannt waren. Die Seeleute hatten die Salzmühlen mit an Bord und verkauften ihr Salz an allen Häfen, die sie anliefen. Eines Tages versanken beide Schiffe im Sturm: das eine bei einer Sandbank, die daraufhin den Namen **Menjø (Mandø 50)** erhielt, das andere bei einer Sandbank, die danach **Fenjø (Fanø)** hieß. Beim Untergang der Schiffe gelangten riesige Mengen von Salz ins Meer, das seither in der Gegend um Fanø und Mandø salziger ist als anderswo. Der **Buchstabe Ø** ist das dänische Wort für Insel.

Die beiden **Fähren**, die zwischen Esbjerg 29 und Fanø verkehren, heißen übrigens Fenja und Menja.

Fanø entdecken

⓭ Nordby ★★★ [C3]

Die kleine Inselhauptstadt ist der Anfangs- und Endpunkt jeder Fanø-Reise, denn hier legt die Fähre aus Esbjerg ㉙ an, die alle Besucher auf die Insel bringt.

Begrüßt werden Ankommende von zwei schwarz-goldenen **Fayence-Hundeskulpturen** des Bildhauers Poul Isbak, die auf dem Platz links der Anlegestelle auf einer **Säule** thronen und ihren Blick nach Esbjerg richten.

Wer ohne sein eigenes Auto ankommt, kann vom Hafen direkt mit dem **Linienbus** (s. S. 76) zu seiner Unterkunft weiterfahren. Auch **Taxis** stehen bereit, sobald die Fähre anlegt. **Zu Fuß** ist es vom Hafen aus nur ein Katzensprung in die **Altstadt**, deren Bild von alten Kapitänshäusern geprägt wird.

Das 2800 Einwohner zählende Nordby ist das **Geschäfts- und Verwaltungszentrum** Fanøs. Hier befinden sich Rathaus, Schule, Ärztehaus, Sparkasse, Touristeninformation (s. S. 76), Bibliothek und andere wichtige Institutionen. **Hauptstraße** ist die teils **kopfsteingepflasterte Hovedgaden** im Herzen der Altstadt, wo sich Modeboutiquen, kleine hübsche Läden, Kunstgalerien, gemütliche Restaurants und Cafés befinden. In engen, verwinkelten **Gassen**, die zu beiden Seiten von der Hovedgaden abgehen, stehen **reetgedeckte Häuser** mit idyllischen Gärtchen. Straßennamen wie Havnevej, Lodsvej und Navigationsvej erinnern an die Bedeutung der Seefahrt auf der Insel im 18. und 19. Jh.

In vielen **Fenstern** alter Häuser sieht man zwei sitzende **Fayence-Hunde**, ähnlich denen am Hafen. Fayence ähnelt Porzellan, besteht aber aus feinem Ton, der von einer weißen Zinnglasur überzogen ist. Der Name ist die französische Bezeichnung der norditalienischen Stadt **Faenza**, die im 16./17. Jh. Hauptort der Produktion war. Im 19. Jh. brachten **Seeleute** die Fayence-Hunde von ihren Reisen mit. In englischen Häfen gab es Freudenhäuser, in denen die dänischen Seeleute verkehrten. Die Mädchen durften allerdings damals für ihre „Dienstleistung" kein Geld verlangen. Also verkauften sie Souvenirs wie die Fayence-Hunde, die sie von anderen Seefahrern als Bezahlung erhalten hatten. Man erzählt sich, dass die **Ehefrauen** auf Fanø die Figuren dazu nutzten, ihren Nachbarn mitzuteilen,

Inselsteckbrief Fanø

- ***Lage:*** *Fanø ist die zweitnördlichste dänische Wattenmeerinsel und liegt ca. 50 km nördlich von Sylt.*
- ***Fläche:*** *Die Insel misst rund 56 km² bei einer Länge von knapp 16 km und einer Breite von 5 km bei Ebbe. Der kürzeste Abstand zum Festland beträgt ca. 1,33 km.*
- ***Ortschaften:*** *Nordby ⓭, Fanø Bad ⓲, Rindby, Sønderho ㉑*
- ***Einwohner:*** *3290*
- ***Höchste Erhebung:*** *Düne Pælebjerg, 21 m*
- ***Strände:*** *Fanø Bad, Nyby Strand und Rindby Strand [B4]. Die Strände gehen ineinander über und haben eine Gesamtlänge von 16 km.*
- ***Anzahl der Ferienhäuser:*** *ca. 2800*
- ***Verwaltung:*** *Fanø ist eine eigenständige Kommune, die zweitkleinste Dänemarks.*

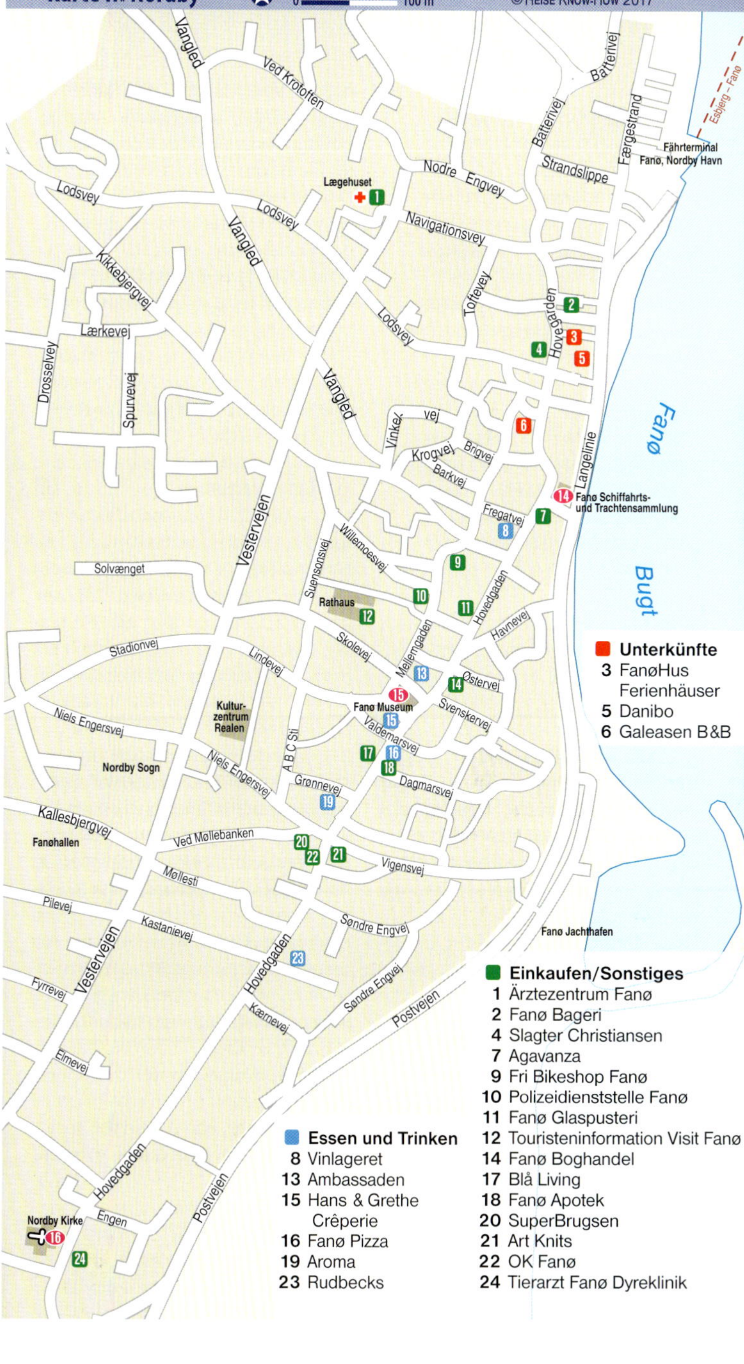
Karte II: Nordby
0
100 m
© Reise Know-How 2017
Vangled
Ved Krofoften
Batterivej
Færgestrand
Esbjerg – Fanø
Færterminal Fanø, Nordby Havn
Strandslippe
Nodre Engvey
Lægehuset
Lodsvey
Navigationsvey
Kikkebjergvej
Lærkevej
Drosselvey
Spurvevej
Toftevey
Hovegarden
Fanø
Vinkel vej
Krogvej
Brigvej
Barkvej
Langelinie
Fanø Schiffahrts- und Trachtensammlung
Fregatvej
Willemoesvej
Suensonsvej
Vestervejen
Solvænget
Bugt
Rathaus
Hovedgaden
Havnevej
Skolevej
Stadionvej
Lindevej
Mellemgaden
Østervej
Fanø Museum
Svenskervej
Niels Engersvej
Kultur-zentrum Realen
Valdemarsvej
Nordby Sogn
A B C Sti
Grønnevej
Dagmarsvej
Kallesbjergvej
Fanøhallen
Ved Møllebanken
Vigensvej
Møllesti
Pilevej
Kastanievej
Søndre Engvej
Fanø Jachthafen
Fyrrevej
Søndre Engvej
Postvejen
Kærnevej
Elmevej
Engen
Nordby Kirke
Unterkünfte
3 FanøHus Ferienhäuser
5 Danibo
6 Galeasen B&B
Einkaufen/Sonstiges
1 Ärztezentrum Fanø
2 Fanø Bageri
4 Slagter Christiansen
7 Agavanza
9 Fri Bikeshop Fanø
10 Polizeidienststelle Fanø
11 Fanø Glaspusteri
12 Touristeninformation Visit Fanø
14 Fanø Boghandel
17 Blå Living
18 Fanø Apotek
20 SuperBrugsen
21 Art Knits
22 OK Fanø
24 Tierarzt Fanø Dyreklinik
Essen und Trinken
8 Vinlageret
13 Ambassaden
15 Hans & Grethe Crêperie
16 Fanø Pizza
19 Aroma
23 Rudbecks

EXTRATIPP

Stadtwanderung Nordby

Die **Natur- und Kulturvermittlung Strandskaden** bietet in der Sommersaison einen **Rundgang** durch die verwinkelten Straßen und geheimen Pfade der Inselhauptstadt an. Unterwegs werden spannende Geschichten zu Kultur, Seefahrt, Häusern und Straßennamen des Städtchens preisgegeben. Eine Teilnahme empfiehlt sich für Kinder ab 10 Jahren, da sich die Jüngeren schnell langweilen.

› **Infos und Buchung:** http://strandskaden.dk/de (unter „Touren auf Fanø"/ „Stadtrundgang in Nordby"), Tel. 30202543, Dauer: ca. 1 Std. (3 km), Preis: Erw. 75 dkr, Kinder 25 dkr

ob ihr Mann gerade auf der Insel weilte: Wenn die Hunde zum Fenster hinausschauten, war er auf See, schauten sie ins Zimmer, war er daheim.

14 Fanø Schifffahrts- und Trachtensammlung ★★★ [II]

Im 18. und 19. Jh. florierte auf Fanø der Schiffbau. In diesem Museum, in dem einst der Reeder-Verein seinen Sitz hatte, wird diese Zeit wieder lebendig.

Die **Dauerausstellung im Erdgeschoss** ist ganz der **Seefahrt** gewidmet. Die Wände zieren zahlreiche Gemälde mit Segelschiffen, gerahmte Fotografien und Schifffahrtsdokumente. Hinter Glasvitrinen sind Modelle der Schiffe ausgestellt, die einst auf Fanø gebaut wurden. Auch ein Stadtmodell von Nordby 13, wie es im 19. Jh. aussah, kann auf einem großen Tisch unter Glas bestaunt werden. Ein weiteres Stadtmodell von Sønderho 21 steht im **ersten Stock**, wo sich außerdem die **Trachtenausstellung** befindet: Hier werden nicht nur die Volkstrachten der Frauen (s. Exkurs S. 18) ausgestellt, sondern anhand lebensgroßer Figuren auch ihr damaliges Leben demonstriert. Das kleine **Museumscafé Sixtus** bietet von der Veranda einen Blick über das Wattenmeer.

› **Fanø Skibsfart & Dragtsamling,** Hovedgaden 28, Tel. 21140043, www.fanoskibs-dragt.dk, geöffnet: Mai–Sept. Mo.–Sa. 11–17 Uhr, restliche Monate s. Website, Eintritt: Erw. 25 dkr, Kinder 5 dkr, Kombiticket für alle vier Museen auf Fanø: 70 dkr

15 Fanø Museum ★★ [II]

Das 1801 erbaute Haus beheimatet eine vielseitige Sammlung von **Haushaltsgegenständen, Möbeln und Werkzeugen** aus dem 19. und frühen 20. Jh. und gibt einen Überblick darüber, wie die Menschen damals auf Fanø lebten. Frauen und Kinder übernahmen die Landwirtschaft, während die Männer zur See fuhren. In der **guten Stube** sind Familienporträts und Bilder von Schiffen ausgestellt. Im Mehrzweckraum befinden sich **Ofen** und **Alkoven** – die Wandbetten, in denen man in halb sitzender Stellung schlief, waren meistens in der Nähe des Ofens eingebaut. Tagsüber wurden sie mit bemalten Türen verschlossen. Schlafzimmer, wie man sie heute kennt, waren damals auf der Insel in vielen Häusern unüblich.

Das **Souvenir-Zimmer** mit holländischen Fliesen an den Wänden ist Gegenständen und Andenken gewidmet, die Seeleute aus aller Welt mit

In diesem Gebäude befindet sich die Schifffahrts- und Trachtensammlung

Fanø als Hochburg des Schiffbaus

Die kleine Wattenmeerinsel war einst eine Großmacht in Sachen Schifffahrt. In den Jahren 1768–1896 wurden auf der Insel 1100 Schiffe gebaut – trotz ungünstiger Voraussetzungen. Auf Fanø gab es nämlich keine Wälder, deshalb mussten Eiche und Buche für den Schiffbau aus den Wäldern von Nordschleswig über Ribe 43 auf die Insel gebracht werden. Kiefern für Decks und Schotten wurden per Schiff aus Norwegen geliefert, Mastbäume kamen aus Altona. Zudem wurde der Stapellauf neuer Schiffe erschwert, da die Fahrrinnen bei Nordby 13 und Sønderho 21 zwar tief, aber so schmal waren, dass man gezwungen war, die Schiffe seitwärts vom Stapel zu lassen.

Mit seiner beachtlichen Handelsflotte war die Insel neben Kopenhagen im 19. Jh. das maritime Zentrum Dänemarks – besonders im Zeitraum der 1840er- bis 1880er-Jahre war die Schifffahrt der Insel von Aufschwung geprägt. Um 1849 gab es auf Fanø neun Schiffbaumeister, davon zwei in Nordby mit 15 Gesellen, zwei Lehrjungen und 13 Tagelöhnern, und sieben in Sønderho mit 50 Gesellen und zahlreichen Tagelöhnern. Die neun Werften der Insel hatten volle Auftragsbücher: Segelschiffe, die auf Fanø gebaut wurden, waren in aller Herren Länder unterwegs. 1860 erhielt Fanø seine eigene Navigationsschule, die erst 2004 geschlossen wurde und in der sich heute das Ärztezentrum der Insel (s. S. 128) befindet.

Die große Zeit des Schiffbaus endete 1896 mit dem Stapellauf des Dreimasters „Thora". Um sich in der Fernfahrt behaupten zu können, hätten die Schiffbauer größere Schiffe aus Eisen oder Stahl konstruieren müssen, aber die hätte man auf der Insel weder bauen noch vom Stapel lassen können.

045rf-cl

nach Hause brachten. In der **Küche** dominiert die offene Feuerstelle und im **Stall** befinden sich landwirtschaftliche Geräte jener Zeit.

› Skolevej 2, Tel. 30700575, www.fanomuseum.dk, geöffnet: Juni–Sept. Mo.–Fr. 11–15 Uhr, sonst s. Website, Eintritt: Erw. 25 dkr, Kinder 5 dkr

16 Nordby Kirke ★★ [II]

In der 1786 im **klassizistischen Stil** erbauten Kirche sind die Bänke mit Sitzplätzen für 700 Personen wie in einem **Amphitheater** angeordnet. Eine Aufteilung in Schiff und Chor gibt es nicht. Die **Marcussen-Orgel** stammt aus dem Jahr 1844 und ist ein Geschenk von König Christian VIII., der die Kirche 1842 besuchte. An der Decke hängen neun hölzerne **Schiffsmodelle** in unterschiedlichen Größen. Das älteste, die Kriegsfregatte „Norske Løve" stammt aus dem Jahr 1700, das jüngste, das Fanø-Schiff „Doris Brodersen" aus dem Jahr 1966. Solche Schiffsmodelle sind in dänischen Kirchen eine fest verankerte Tradition.

Der Theologe **Dietrich Bonhoeffer** (1906-1945), der sich im deutschen Widerstand gegen den Nationalsozialismus engagierte, besuchte die Kirche, als er im August 1934 auf Fanø weilte, wo er bei der Tagung des Ökumenischen Weltbunds für Freundschaftsarbeit seine berühmt gewordene Rede „Es gibt keinen Frieden auf dem Weg der Sicherheit" hielt. Ein **Gedenkstein** zu Ehren des im April 1945 im KZ Flossenbürg hingerichteten Theologen wurde 1994 in Fanø Bad 18 enthüllt.

› Hovedgaden 105 a, Tel. 75162086, www.kirkernepaafano.dk (nur auf Dänisch), geöffnet: tägl. 9–17 Uhr, außer bei Gottesdiensten, eine Spende ist gern gesehen

17 Kikkebjerg ★ [C3]

Auf dem 17 Meter hohen **Dünenhügel** mit dem vielsagenden Namen **„Ausguckberg"** steht ein kleines Häuschen, aus dem **Lotsen** Ausschau nach den Schiffen hielten, die auf dem Weg zur Insel waren. Die Lotsen navigierten die Schiffe sicher durch das strömungsreiche Gewässer nördlich von Fanø. Die Fahrrinne war schmal und der stetige Gezeitenwechsel sorgte dafür, dass der vermeintlich freie Weg vom Vorjahr eventuell versandet war.

Der Kikkebjerg bietet einen **fantastischen Blick** über Nordby 13, den Hafen und die auf dem Festland liegende Stadt Esbjerg 29. Eine **Infotafel** am **Lotsenhaus** informiert über die Geschichte der Lotsen. Das Originalgebäude wurde 1999 von einem Sturm zerstört – das heutige Haus ist eine **Rekonstruktion** des Originals und kann **nur von außen besichtigt werden.**

› Nørrebjergevej 9

› **Anfahrt und Zugang:** Sowohl der Kikkebjergvej als auch der Lodsvej in Nordby führen direkt zum Kikkebjerg.

18 Fanø Bad ★★★ [B4]

Als Ende der 1880er-Jahre der dänische Tourismusverband in Kopenhagen gegründet wurde, war es eine seiner ersten Initiativen, in Dänemark einen internationalen Badeort zu bestimmen, um den Fremdenverkehr zu fördern. Die Wahl fiel dabei auf Fanø, wo es bereits seit dem Jahr 1851 Badehäuser gab. So nahm der Tourismus auf der Insel 1890 mit der Gründung der Fanø Nordseebad AG seinen Anfang.

Am Strand westlich von Nordby 13, in **Fanø Vesterhavsbad**, kurz Fanø

Bad, entstand zwei Jahre später das Kurhotel, dem das Fanø Strandhotel und das palastartige Luxushotel Kongen af Danmark („König von Dänemark") folgten.

Privatleute erwarben Grundstücke und bauten **prächtige Villen.** Da Dänenkönig **Christian IX.**, der „Schwiegervater Europas" (s. Exkurs S. 92), hier gern Ferien machte, zogen Adel, High Society und Prominenz nach. 1901 wurde in den Dünen von Fanø Bad der **erste Golfplatz Dänemarks** (Fanø Golf Links, s. S. 87) angelegt und nach dem Ersten Weltkrieg gab es sogar eine **Flugverbindung** zwischen Kopenhagen und Fanø Bad.

In den Jahren 1919 bis 1924 fanden am mehrere Hundert Meter **breiten Strand** die internationalen **Fanø-Motorrennen** statt. Der Engländer **Malcolm Campbell** (1885–1948), der 1931 in den USA als erster Rennfahrer 396 km/h fuhr, erreichte hier seine ersten Rekorde. Das jährliche Rennen fand ein jähes Ende, nachdem Campbells Vorderrad abgesprungen war und einen 15-jährigen Jungen tötete.

Nach dem **Zweiten Weltkrieg** war die goldene Zeit des noblen Badeortes vorbei. In den 1970er-Jahren wurden das Kurhotel und etliche Villen abgerissen, um Platz für **Ferienwohnungen** aus Beton zu schaffen. Von der einstigen **mondänen Eleganz** zeugen heute nur noch vier alte Villen: die nicht zu übersehenden **Villa Nina** und **Villa Quisisana** (s. S. 77) in der ersten Dünenreihe sowie **Villa Marie** und **Villa Tusculum,** die der deutsche Befehlshaber auf Fanø im Zweiten Weltkrieg für sich beschlagnahmte. Diese vier herrschaftlichen Häuser und **Kellers Badehotel** (s. S. 77) sind die letzten Überbleibsel aus der goldenen Ära von Fanø Bad.

046ff-cl

EXTRATIPP

Auf den Spuren des historischen Nordseebads

Die **Natur- und Kulturvermittlung Strandskaden** bietet in der Sommersaison eine **geführte Tour durch Fanø Bad** 18 an. Sie beginnt vor Kellers Badehotel (s. S. 77) und führt zu Häusern verschiedener Epochen. Der Guide erzählt dabei unterhaltsame Anekdoten zu den Badehotels und versetzt die Teilnehmer ins frühe 20. Jh. zurück. Für Gehbehinderte kann ein Rollstuhl zur Verfügung gestellt werden – dieser muss bei der Anmeldung vorab bestellt werden.

› **Infos und Buchung:** http://strandskaden.dk/de (unter „Touren auf Fanø"/ „Fanø Nordseebad anno 1900"), Tel. 30202543, Dauer: ca. 2 Std. (3 km), Preis: Erw. 100 dkr, Kinder 25 dkr

Die Villa Marie, eine der letzten verbliebenen Villen aus der alten Zeit

⑲ Victoria's Palace ★★★ [B4]

Ein Ort der Erinnerung an historischer Stätte: Dort, wo einst das prachtvolle Kurhotel stand, befindet sich heute ein Museumscafé im Palmengarten-Stil der Jahrhundertwende, das anhand von Relikten und Dokumentationen jene Epoche lebendig werden lässt, in der Fanø Bad ⑱ ein mondäner Kurort war.

Gitte Thiesen eröffnete Victoria's Palace 2012. Es ist in einem zweistöckigen Gebäude untergebracht. Im vorderen Teil des Hauses entdeckt man die **Nachbildung eines Tante-Emma-Ladens.** Die Regale und Schubladen sind vollgepackt mit bunten Blechdosen, Schächtelchen, Karten und allerlei Krimskrams. An der Decke hängen schwere Kronleuchter.

Zwei hintere Zimmer beherbergen eine wunderschöne alte **Bar** mit Klavier und ein **Herrenzimmer** im Stil der 1920er-Jahre mit braunen Ledersesseln, einem Bärenfell, Kudu-Hörnern und Jagdgewehren an der Wand.

Im **Cafébereich** mit alter Theke und antiken Möbeln werden Kaffee und Tee serviert. An das Café grenzt ein **Speisesaal** mit festlich gedeckten Tischen. Hinter einem der Stühle steht eine lebensgroße Puppe in Fanniker-Tracht (s. Exkurs S. 18), über den Tischen schweben Modellschiffe.

Im **Keller** ist ein kleines **Museum** zur Geschichte der deutschen Besatzung auf Fanø untergebracht (s. S. 14).

Die Gegenstände im Museumscafé stammen von Einwohnern der Insel und sind **Originalrelikte** aus der Anfangszeit des Tourismus auf Fanø. Das Gebäude soll in naher Zukunft zwei Türme bekommen, sodass es dem 1989 abgerissenen Kurhotel ähnelt.

› Strandvejen 59, Tel. 74848500, www.victoriaspalace.dk, geöffnet: tägl. 10–17.30 Uhr, Eintritt frei

047rf-cl

Victoria's Palace ist halb Café, halb Museum

⓴ Alte Vogelkoje Sønderho ★ [D6]

Vogelkojen gab es in Dänemark ausschließlich auf Fanø. Sie wurden dort von 1866 bis 1931 genutzt. Auf Fanø waren früher insgesamt **vier Vogelkojen** im Einsatz, die sich alle entlang der **Albue-Bucht** auf Wattenmeerseite befanden. Eine davon war die Alte Vogelkoje von Sønderho, die 2003 restauriert und in ihren ursprünglichen Zustand versetzt wurde.

Erfunden wurde die Einrichtung, die dem **Fang von Wildenten** diente, im 13. Jh. in den Niederlanden. Die Alte Vogelkoje auf Fanø wurde 1866 errichtet. Sie besteht aus einem sechseckigen Teich, an dessen Ecken je ein bogenförmiger Kanal gegraben ist, der mit einem Netz überdeckt ist und in einer Reuse endet. Der Trick war, die Wildenten mithilfe von zahmen Enten in die Reusen zu locken, wo sie der **Kojenwart** durch Umdrehen des Halses tötete. Bis 1931, als das Jagdgesetz in Dänemark geändert und der Fang von Wildenten mittels Vogelkoje gesetzlich verboten wurde, wurden in der Koje jährlich 5000 bis 6000 Tiere gefangen.

Die Koje war ab 1960 nochmals 30 Jahre lang im Einsatz. Das **Nationale Umweltforschungsinstitut** nutzte die Vogelkoje zum Fang von Wildenten, allerdings nicht, um sie anschließend zu töten, sondern um sie mit einem Ring zu markieren und auf diese Weise Informationen über ihr Verhalten, ihr Alter und ihre Flugwege zu gewinnen.

Eine **Dauerausstellung** im zugehörigen Ausstellungsgebäude informiert über die Vogelkojen und die Vogelarten der Insel. Vogelkoje und Dauerausstellung sind ganzjährig **frei zugänglich**.

Die drei noch bestehenden Vogelkojen von Fanø lassen sich sehr gut im Rahmen einer **Wanderung** besichtigen (s. Wanderung 2, S. 84).

- **Sønderho Gamle Fuglekøje,** www.soenderho-gl-fuglekoje.dk, kostenlose Führungen s. Website
- **Anfahrt und Zugang:** Die Vogelkoje ist über den Parkplatz am Lendevejen erreichbar, der sich ca. 4 km nördlich von Sønderho und 8 km südlich von Nordby befindet. Hier hält auch der Bus 431. Vom Parkplatz zweigt ein Pfad ab, über den man die Koje zu Fuß erreicht.

㉑ Sønderho ★★★ [D8]

Mit seinen wunderschönen Häusern, von denen 70 unter Denkmalschutz stehen, ist Sønderho eine Sehenswürdigkeit par excellence – nicht umsonst wurde es 2011 zum schönsten Dorf Dänemarks gewählt. Die Geschichte des Bilderbuchortes reicht bis ins 15. Jh. zurück.

Die Dorfbewohner lebten früher von Fischerei und Landwirtschaft, bis der **Schiffbau** (s. Exkurs S. 67) 300 Jahre später Wohlstand auf die Insel brachte, wovon bis heute Häuser und Baukultur zeugen. Nach dem Ende des Schiffbaubooms und dem dadurch bedingten Wegfall von Arbeitsplätzen in den 1890er-Jahren zogen viele Sønderhoninger nach Esbjerg ㉙ und in andere Regionen Dänemarks, sodass nun viele Häuser leer standen und keine neuen erbaut wurden.

Einen Einblick in die Lebensbedingungen einer Seemannsfamilie im 19. Jh. gibt **Hannes Hus** ㉕, das samt Interieur im Originalzustand erhalten ist.

Besonderheit des 300 Einwohner zählenden Dorfes ist das **labyrinthartige System aus Wegen und Pfaden,**

048rf-cl

das die Gebäude und Plätze des Ortes miteinander verbindet.

Über den Türen und Fensterrahmen vieler Häuser sieht man ein **Fries** in den Farben Grün, Weiß und Schwarz. Weiß symbolisiert angeblich die Geburt beziehungsweise das Leben, Grün die Hoffnung und Schwarz den Tod. Die meisten Häuser sind wegen des vorherrschenden Westwindes in **Ost-West-Richtung** errichtet, besitzen **Reetdächer** sowie **Sprossenfenster** und sind von **üppigen Gärten** umgeben.

Blickfang über der Gartentür eines Hauses am Landevejen ist eine **Galionsfigur**, die 1851 bei Sønderho angespült wurde. Sie soll von dem Schiff „Lord Palmerston" stammen, das zwei Jahre zuvor im Mittelmeer gesunken war. Tatsächlich ähnelt die Büste dem britische Staatsmann **Henry Temple**, dritter Viscount Palmerston, der in den 1850er-Jahren Premierminister war. Rätselhaft bleibt, wie die Galionsfigur ihren Weg vom Mittelmeer in die Nordsee fand.

22 Sønderho Kirke ★★ [D8]

Blickfang des Gotteshauses sind die **15 Votivschiffe** an der hellen Holzdecke – das größte ist die beim Altar hängende Nachbildung einer Fregatte, die am Strand von Sønderho 21 angespült worden sein und aus Holland stammen soll.

Der älteste Bestandteil der 1782 erbauten Saalkirche ist der **Taufstein** vom Beginn des 13. Jh. Der **Altar** mit der Abbildung eines Schiffes auf der Vorderseite wird auf das 18. Jh. geschätzt. Die Stuhlreihen, die 425 Personen Platz bieten, stammen aus der Domkirche in Ribe 44, gingen 1903 als Schenkung an das Gotteshaus von Sønderho und wurden in traditionellem Fanø-Blau gestrichen.

› Sønderho Strandvej 1 a, Tel. 75164032, www.soenderho.dk/kirche, www.kirkernepaafano.dk, geöffnet: Mo.-Sa. 8-16, So. 12-16 Uhr

23 Feuerwehrmuseum ★ [E8]

Das **Spritzenhaus** aus dem Jahr 1868 ist das älteste und besterhaltene in Dänemark. Der Feuerwehrwagen, der die Feuerspritze von 1868 (damals noch ohne Wagen) ersetzte, stammt aus dem Jahr 1895. Das **Museum** in dem kleinen Backsteingebäude zeigt alte Geräte, die zur Feuerbekämpfung eingesetzt wurden und gibt einen Überblick über die Geschichte der Feuerwehr in Dänemark.

› **Brandmuseum**, Nord Land 12, Tel. 51501850, www.fondengamlesonderho.dk/feuermuseum, geöffnet: Ostern–Nov., Eintritt: Erw. 20 dkr, Kinder 5 dkr. Da das Museum unbesetzt ist, das Eintrittsgeld bitte in die Sammeldose stecken.

Die Galionsfigur ist der Blickfang des Landevejen in Sønderho

049rf-cl

24 Fanø Kunstmuseum ★★★ [E8]

Das kleine Museum präsentiert eine **Gemäldesammlung** mit Werken aus der Zeit von 1849 bis heute, darunter vor allem Maler, die eine **biografische Beziehung zu Fanø** aufweisen, wie August Wilckens, der Frauen in Volkstrachten und Häuser in Sønderho 21 malte, oder der Schwede Carl Johan Forsberg, der 1914 nach Fanø kam, um zu malen und 1938 hier starb. Ebenfalls vertreten ist der Kopenhagener Johan Julius Exner, der Fanø erstmals 1877 betrat und im Hotel Sønderho Kro (s. S. 77) logierte sowie malte. Auch der weit gereiste Künstler Johan Gudman Rohde, der 1908 ein Haus in Sønderho kaufte und seine Motive im Hafen fand, zählt zu den Kunstschaffenden, dessen Werke im Museum ausgestellt sind. Aber auch die Bilder von Malern der **Skagen-Schule** wie Holger Drachmann findet man an den Wänden des Museums. Die Werke der über 1200 Exponate umfassenden Sammlung werden in **Wechselausstellungen** präsentiert. Das **Dachgeschoss** wird für **Ausstellungen zeitgenössischer Künstler** der Insel genutzt.

› Nord Land 5, Tel. 75164044, www.fanoekunstmuseum.dk, geöffnet: Mitte April–Juni Di.–So. 13–17 Uhr, Juli/Aug. Di.–Sa. 13–17, So. 11–17 Uhr, Eintritt: Erw. 50 dkr, Kinder u. Studenten 20 dkr

EXTRATIPP

Fliesensammlung im Café Nanas Stue

Das **Café Nanas Stue** (s. S. 78) beherbergt eine **Sammlung holländischer und friesischer Wandfliesen** *(Fanø Fliesesamling)*, die Seeleute ab 1650 von ihren Fahrten auf die Insel mitbrachten. Die kunstvoll gestalteten Fliesen lassen sich ganz nebenbei bei Kaffee und Kuchen, Bier und dänischer Feinkost bestaunen.

Die Sønderho Kirke wartet im Inneren mit Votivschiffen auf

25 Hannes Hus ★★★ [E8]

Hannes Hus ist eines der besterhaltenen Beispiele eines Seemannshauses. Es erinnert an jene Zeit, als Fanø eine wohlhabende Schiffbauinsel war.

In dem Schifferhaus aus dem Jahr 1750 lebte in der zweiten Hälfte des 19. Jh. der Seemann **Poul Thomas Sørensen** mit seiner **Frau Hanne** und den drei Kindern Hans, Karen und Maren. Als Poul mit seinem Schiff auf See verschollen blieb, wurde Hanne mit 34 Jahren Witwe.

Das Haus, das seinen historischen Zustand bewahrt hat, schmücken die **original Möbel und Einrichtungsgegenstände** jener Zeit.

Rechts von der Diele liegt die **Südstube** mit dem großen, viereckigen Ofen. Die Wände sind, wie in fast allen alten Häusern auf Fanø, mit holländischen Kacheln verkleidet. Nachdem die Insel durch den Schiffbau zu Wohlstand gekommen war, brachten Seeleute die dekorativen Fliesen aus Holland und Friesland mit. Über einer Kommode hängt ein Gemälde von Hanne in Fanniker-Tracht (s. Exkurs S. 18), ein Werk des Kopenhagener Malers Heinrich Dohm, der während eines Aufenthalts auf der Insel gern gesehener Gast im Haus der Sørensens war.

Von der Südstube gelangt man durch eine Tür ins **Schlafzimmer** und von dort zur **Nordstube**, Hannes Nähstube, von der eine Tür in eine kleine Schlafkammer führt.

In der **Küche** finden sich etliche Küchengeräte, Kannen und Kessel aus Hannes Tagen. Neben der Küche liegen Speisekammer und Waschküche. Im **Stallbereich** des Hauses waren im Winter Schafe untergebracht.

Hannes Tochter Karen, die 1881 geboren wurde, lebte bis 1965 in dem Haus. Sie verkaufte es dem **Verein Alt-Sønderho** (**Foreningen Gamle Sønderho**) für einen symbolischen Betrag unter der Bedingung, dass Haus und Inneneinrichtung im Original erhalten bleiben. Es steht unter **Denkmalschutz.**

› Øster Land 7, Tel. 51501850, www.hanneshus.dk, geöffnet: Juni u. Sept. Mi. u. Sa. 14–16 Uhr, Juli/Aug. Di.–So. 14–16 Uhr, Eintritt: Erw. 30 dkr, Kinder bis 14 J. frei

EXTRATIPP

Besichtigung mit Guide

Wer die **Alte Rettungsstation 26**, das **Feuerwehrmuseum 23** oder die **Windmühle 28** gern im Rahmen einer Führung besichtigen möchte, wendet sich telefonisch oder per E-Mail an den **Foreningen Gamle Sønderho (Verein Alt-Sønderho):**

› Tel. 51501850, info@fondengamlesonderho.dk

26 Alte Rettungsstation ★ [D8]

Die Rettungsstation, ein kleines **Backsteingebäude** mit grünem Tor, das mit zwei gekreuzten dänischen Spitzflaggen *(Dannebrog-Splittflaggen)* bemalt ist, wurde 1887 errichtet. Die erste Rettungsaktion erfolgte im Juli 1888. Damals zogen sechs Pferde das **Rettungsboot**, das auf einem Karren bereitstand, an den Strand. Die letzte Rettungsaktion mit dem Originalrettungsboot fand 1956 statt, zwei Jahre später wurde das alte Ruderboot durch ein motorisiertes Rettungsboot ersetzt. Die Rettungsstation, die 1974 geschlossen wurde, ist nach wie vor voll ausgerüstet. Das Rettungsboot von damals ist zwar nicht mehr dasselbe, aber es ist vom gleichen Typ. Die unbesetzte Station lässt sich **von innen besichtigen.**

› **Sønderho Gamle Redningsstation,** Sønderho Strandvej 15, Tel. 51501850, www.fondengamlesonderho.dk/ret tungsstation, geöffnet: Ostern–Nov., Eintritt: Erw. 20 dkr, Kinder 5 dkr. Da die Rettungsstation unbesetzt ist, das Eintrittsgeld bitte in die Sammeldose stecken.

27 Seezeichen Æ Kåver ★ [D8]

In früheren Jahrhunderten war es gar nicht so ungefährlich, mit dem Schiff nach Ribe 43 zu gelangen oder in umgekehrter Richtung von der Stadt nach Fanø zu segeln. Die Seeleute brauchten einen Punkt, an dem sie sich orientieren konnten. So wurden an **Fanøs Südspitze** im Jahr 1624 zwei Seezeichen errichtet, wovon das letzte 1935 in einem Sturm umstürzte. 2011 wurde an derselben Stelle eine 14,5 Meter hohe identische **Nachbildung** aufgestellt, deren Fundament aus Eichenstämmen besteht. **Dänemarks ältestes Seezeichen** steht auf dem 18,65 Meter hohen **Kåverbjerg** und ist **frei zugänglich.**

28 Windmühle ★★ [D7]

Die **achteckige Holländermühle** auf einem Dünenhügel nördlich des Dorfes war von 1895 bis 1923 in Betrieb. Danach stand sie leer, bis sie 1928 restauriert und am **Sønderho-Tag** (s. S. 18) 1930 wieder eingeweiht wurde. Als Kornmühle fand sie jedoch keine Verwendung mehr. Sie kann heute **von innen besichtigt** werden, es gibt allerdings kein Personal vor Ort.

Jährlich am dritten Sonntag im Juni findet hier der **nationale Mühlentag** statt, wo gezeigt wird, wie früher Korn zu Mehl gemahlen wurde. Das Fest wird auf dem Mühlenberg mit Musik, Gesang und Tanz gefeiert. Einen Monat später, am dritten Sonntag im Juli, treffen sich die Inselbewohner in ihren Trachten zum bereits erwähnten **Sønderho-Tag** – dann wird rings um die Mühle getanzt und gefeiert.

› **Sønderho Mølle,** Vester Land 44, Tel. 51501850, www.fondengamleson derho.dk/sonderhomuhle, geöffnet: Ostern–Nov., Eintritt: Erw. 20 dkr, Kinder 5 dkr. Da die Mühle unbesetzt ist, das Eintrittsgeld bitte in die Sammeldose stecken.

050rf-cl

Die Windmühle von Sønderho kann man besichtigen

Infos und Reisetipps Fanø

- **Touristeninformation Visit Fanø** <033> Skolevej 5–7, Nordby, www.visitfanoe.dk, Tel. 70264200, geöffnet: ganzjährig Mo.–Fr. 10–12 u. 13–16 Uhr, Juli/Aug. tägl. 10–16 Uhr. Besucher erhalten ausführliche Informationen über die Insel in Form von Broschüren und Prospekten, Inselplänen sowie Karten für Wanderungen und Radtouren. Auf der Website gibt es Links zu Ferienhausanbietern, Hotels und B&Bs.
- **Inforaum beim Busbahnhof Sønderho** <034> Gammel Byvej. Im durchgehend geöffneten, aber nicht mit Personal besetzten Inforaum liegen Stadtpläne, Faltblätter zu Geschäften und Restaurants sowie diverse Broschüren aus. Man findet zudem Infos zur Ankunft und Abfahrt von Bus und Fähre sowie wichtige Rufnummern.
- **Fahrradverleih Fanø Cykler** <035> Kirkevejen 67, Rindby Strand, Tel. 27915441, www.fanoecykler.dk, geöffnet: ab März, in der Saison tägl. 9–12 Uhr, Details s. Website. Solide Auswahl an Touren- und Kinderrädern.
- **Fri Bikeshop Fanø** <036> Mellemgaden 12, Nordby, Tel. 75162460, www.fribikeshop.dk/cykler-fanoe, geöffnet: Mo.–Fr. 10–17.30, Sa. mind. 10–13, So. mind. 10–12 Uhr. Fahrradfachgeschäft, das auch Touren- und Kinderräder sowie Mountainbikes vermietet, allerdings nur nach telefonischer Anfrage.
- **Öffentliche Verkehrsmittel:** Auf Fanø verkehrt die Buslinie 431 zwischen Nordby 13, Fanø Bad 18, Rindby Strand [B4] sowie Sønderho 21. Auch in Strandnähe befinden sich Haltestellen. Sommer- bzw. Herbst-/Winterfahrplan s. www.sydtrafik.dk/køreplaner/fanø-kommune.
- **Parkmöglichkeiten** gibt es in Nordby u. a. am Hafen, an der Langelinie und zwischen Hovedgaden und Havnevej. Da die Straßen in Sønderho für den Autoverkehr zu eng sind, muss das Fahrzeug beim Busbahnhof oder gegenüber der Kirche 22 abgestellt werden. Die Parkmöglichkeiten sind auf dem Stadtplan ausgewiesen, der in der Touristeninformation ausliegt. Das Parken auf Fanø ist kostenlos, auf vielen Plätzen ist jedoch eine Parkscheibe erforderlich.
- **Post:** In der Buchhandlung Fanø Boghandel (s. S. 80) gibt es eine Postfiliale.

EXTRATIPP

Geführte Tour zur Südspitze Hønen

Die **Natur- und Kulturvermittlung Strandskaden** bietet in der Sommersaison eine **Tour rund um die Südspitze der Insel** an, in deren Zentrum Fanøs goldenes Zeitalter in Schifffahrt und Malerei steht. Auf dieser Zunge zwischen Land und Meer erlebt man die gesamte Vielfalt der Insel.

Die Tour ist eher für Erwachsene als für Kinder geeignet. Für Gehbehinderte kann ein Rollstuhl zur Verfügung gestellt werden – dieser muss bei der Anmeldung vorab bestellt werden.

- **Infos und Buchung:** http://strandskaden.dk/de (unter „Touren auf Fanø"/„Rund um Hønen"), Tel. 30202543, Dauer: ca. 2 Std. (6 km), Preis: Erw. 100 dkr, Kinder 25 dkr

Unterkünfte

Die beliebtesten Unterkünfte auf Fanø sind **Ferienhäuser und -wohnungen.** Es gibt aber auch ein paar kleine Hotels und B&Bs auf der Insel, da viele Besucher mit Vorliebe übers Wochenende nach Fanø kommen. Die **Touristeninformation Visit Fanø** bietet auf ihrer Website http://book.visitfanoe.dk/de/unterkunft eine Übersicht über Ferienhausanbieter, Hotels, B&Bs und Campingplätze.

- **Danibo** €-€€€ <037> Langelinie 9 b, Nordby, Tel. 75163699, www.danibo.dk, geöffnet: Mo.–Fr. 8.30–17, So. 9–15 Uhr. **Günstige Last-Minute-Angebote:** Die Fanøer Ferienhausvermittlung mit Internetcafé und Waschsalon hat inselweit rund 650 Ferienhäuser und -wohnungen im Programm.
- **FanøHus Ferienhäuser** €-€€€ <038> Hovedgaden 12, Nordby, Tel. 75162600, www.fanohus.dk, geöffnet: Mo.–Fr. 9–16, Sa. 9–15, So. 9–13 Uhr. **Mindestmietdauer schon ab zwei Tagen:** Die Ferienhausvermittlung bietet rund 200 private Ferienhäuser und -wohnungen in allen Größen und Preisklassen.
- **Galeasen B&B** € <039> Galeasevej 2, Nordby, Tel. 20777333, www.galeasen.dk. **Mit gut ausgestatteter Küche und kostenlosen Fahrrädern:** Das „Bed and Bath" im Herzen von Nordby ist in einem idyllischen renovierten Landhaus aus dem 17. Jh. untergebracht und nicht weit vom Hafen entfernt. Kleine Wohnung mit Schlafzimmer, Wohnzimmer, Küche und Bad. Kinderbett und Kinderstuhl können bei Bedarf gestellt werden. Frühstück wird nicht angeboten, dafür gibt es eine Küche und einen Innenhof mit Grill.

› **Hotel Sønderho Kro** €€-€€€ <040> Kropladsen 11, Sønderho, Tel. 75164009, www.sonderhokro.dk. Das kleine Hotel logiert im ältesten Gebäude von Sønderho. Der Kro wurde 1722 erbaut und verfügt über 14 behagliche, individuell eingerichtete Zimmer, teilweise mit Blick auf das Wattenmeer. **Hunde sind willkommen.** Restaurant (s. S. 79) angeschlossen.

› **Kellers Badehotel** €€€ <041> Strandvejen 48, Fanø Bad, Tel. 75163088, www.kellersbadehotel.dk. **In der Nähe des Strandes:** Das von den Eigentümern mit viel Liebe geführte Hotel mit neun Zimmern liegt in Fanø Bad unweit des Strandes. Ursprünglich 1876 als Café eröffnet, wurde es in den 1960er-Jahren zum Hotel umgebaut. Im ersten Stock stehen neun renovierte, gemütliche Zimmer in geschmackvollem dänischen Design zur Wahl. Die Zimmer im Seitenflügel besitzen eine Terrasse mit Blick auf die Dünen. Mit Restaurant (s. S. 79).

› **Nørby Kro** €€-€€€ <042> Strandvejen 12, Nordby, Tel. 75163589, www.noerbykro.dk. **Wunderschöne Zimmer im restaurierten, 300 Jahre alten reetgedeckten Hof:** Halbpension möglich. Zugehöriges Restaurant. Tipp: Gourmetaufenthalt für ein romantisches Wochenende.

› **Posselt Bed and Bath** € <043> Bavnebjerg 46, Nordby, Tel. 40192067, www.posseltbb.dk. **Günstig übernachten in sehr ruhiger Lage:** gemütliches, mit hellen Möbeln eingerichtetes „Bed & Bath" auf einem Naturgrundstück in idyllischer Lage. Frühstück wird nicht serviert. Kaffee und Tee gibt es allerdings kostenlos. Kühlschrank, Mini-Backofen und Wasserkocher stehen zur Verfügung. Bis zum Strand von Fanø Bad sind es ca. 2 km. Balkon mit Sicht auf die Dünen.

› **Villa Quisisana** €€ <044> Strandvejen 62, Fanø Bad, Tel. 75162700, www.feriefanoe.dk (unter „Mieteinheiten"). **Mit Terrasse oder Balkon:** Die wunderschöne renovierte Strandvilla aus dem späten 19. Jh. steht in der ersten Dünenreihe und verfügt über zwei charmant gestaltete, großzügig geschnittene Wohnungen (für 5 bzw. 2 Personen) mit voll eingerichteter Küche und Bad, eine Einzimmerwohnung mit Küche/Bad und ein geräumiges Penthouse (für 2 Personen). Alle Wohnungen verfügen über eine Terrasse bzw. einen Balkon mit Blick über die Dünen, den Strand und das Meer. Waschküche im EG, kostenloses WLAN, der Fernseher empfängt deutsche Sender. Allergiebettwäsche auf Anfrage. Der Vermieter spricht Deutsch.

Essen und Trinken

- **Ambassaden** €€-€€€ <045> Hovedgaden 57, Nordby, Tel. 75162211, www.ambassadenfanoe.dk, geöffnet: variabel, Infos s. Website. An den Wänden des behaglich eingerichteten Restaurants von Mads und Pia Lindquist hängen Schwarzweißfotos aus dem Fanø des frühen 20. Jh. und Gemälde von Frauen in Fanniker-Tracht. Auf der Karte stehen dänische Fisch- und Fleischgerichte, auf Anfrage bereitet der Küchenchef vegetarische Gerichte zu. Im Sommer wird auch im Garten serviert. Das Restaurant ist sehr kinderfreundlich und besitzt einen Spielraum für Kinder.
- **Aroma** €-€€ <046> Grønnevej 2, Nordby, Tel. 23666900, www.aromafano.dk, geöffnet: Juni tägl. 11–18 Uhr, Juli/Aug. tägl. 10–19 Uhr, Sept. tägl. 11–18 Uhr, Okt.–Mai eingeschränkte Öffnungszeiten (s. Website). In dem relativ großen Lokal mit Garten werden leckere Antipasti, Pasta, Pizza (auch die vegetarische Variante), Salate und ausgewählte Weine aufgetischt.

051rf-cl

- **Café Nanas Stue** € <047> Sønder Land 1, Sønderho, Tel. 75164025, www.facebook.com/cafenanasstue.dk, geöffnet: Mi. 11–22, Do./Fr. 11–24, Sa. 17.45–0.30 Uhr. Von Kuchen bis Feinkost: Essen und Trinken in guter Qualität und gemütlicher Umgebung, ab und zu Livemusik, mit Gartenbereich. Tipp: Das Café beherbergt eine sehenswerte Fliesensammlung (s. S. 73).
- **Fajancen** €€ <048> Sønderland 5, Sønderho, Tel. 75164172, www.fajancen.dk, geöffnet: Ostern –Okt. tägl. 11–21 Uhr, je nach Publikumsverkehr im Sommer auch bis 23 Uhr. Außergewöhnliches Ambiente: Das Fajancen ist Café, Restaurant und Antiquitätengeschäft in einem. Auf der Speisekarte stehen Fleisch- und Fischgerichte, darunter die Inselspezialität *bakskuld* (geräucherter Plattfisch), Krabbensalate, Muscheln und vieles mehr. Es gibt auch eine Kinderkarte. Außenplätze im Sommer.
- **Familierestaurant Fanø** € <049> Postvejen 16, Rindby, Tel. 75164372, www.familierestaurantfanoe.dk, geöffnet: Mitte Juni–Sept. tägl. 17–22 Uhr. Preiswertes Büfettrestaurant („all you can eat"), ideal für Familien mit Kindern.
- **Fanø Bryghus** € <050> Strandvejen 5, Nordby, Tel. 76660112, www.fanoebryghus.dk, geöffnet: Juni–Sept. tägl. 11–19, bei wenig Betrieb nur bis 17/18 Uhr, ab Okt. s. Website. Große Auswahl an Bier, das vor Ort gebraut wird. Essen wird nicht serviert.
- **Fanø Pizza** € <051> Valdemarsvej 14, Nordby, Tel. 75161122, www.fanoepizza.dk, geöffnet: Mo.–Fr. 16–21, Sa./So. und im Sommer 13–21 Uhr. Große

Auswahl an hausgemachter Pizza (auch Kinderpizza) zu günstigen Preisen, die vor Ort gegessen oder telefonisch zum Mitnehmen bestellt werden kann (kein Lieferservice).

- **Hans & Grethe Crêperie** € <052> Lindevej 2, Nordby, Tel. 75161246, geöffnet: in der Saison tägl. 10–18 Uhr. Crêpes süß oder deftig: mit Schokolade, Banane und Eiscreme oder mit Lachs, Mozarella und Schinken. Für jeden Geschmack der richtige Pfannkuchen.
- › **Kellers Spisehus** €€-€€€, gehört zu Kellers Badehotel (s. S. 77), geöffnet: Do.–Mo. 12–14.30 u. ab 18 Uhr, Mitte April–Ende Juni auch Di., Ende Juni–Aug. tägl. geöffnet. Die Küche schließt um 20 Uhr, das Restaurant um 23 Uhr. Klassische dänische Küche und lokale Spezialitäten von Chefkoch Lars Sejerup fantasievoll und schmackhaft zubereitet. Im Sommer wird auch auf der Terrasse serviert.
- › **Kromanns Fiskerrestaurant** €€ <053> Sønder Land 7, Sønderho, Tel. 75164445, Facebook-Seite, geöffnet: Di.–So. 11–23 Uhr. Hervorragende Küche (besonders schmackhaft sind die Fischgerichte), abwechslungsreiche Speisekarte und behagliches Ambiente in einem alten Backsteinhaus. Im Sommer mit Außenbestuhlung.
- › **Restaurant Sønderho Kro** €€-€€€, gehört zum gleichnamigen Hotel (s. S. 77), geöffnet: April–Okt. tägl. 12–14.30, 15–16.30 u. 18–20.30 Uhr, sonst s. Website. Küchenchef Jakob Sullestad, der in internationalen Küchen Erfahrungen und Inspiration gesammelt hat, legt Wert auf Kreativität und den Einsatz lokaler, saisonaler sowie ökologischer Produkte. Im Restaurant wird u. a. *bakskuld* serviert.

Das Fanø Bryghus am Strandvejen ist nicht zu übersehen

- **Rudbecks** €-€€ <054> Hovedgaden 90, Nordby, Tel. 24938505, www.rudbecks.dk, geöffnet: Mo./Di. 10–17.30, Do./Fr. 10–17.30, Sa. 10–15 Uhr, Nov.–Ende März jeweils bis 16 Uhr. Leckeres Mittagessen, Kaffee, Kuchen und hausgemachtes Eis in angenehmer Atmosphäre. Auf der Karte stehen neben gegrillten Sandwiches, Burgern und Tapas auch *bakskuld* (geräucherter Plattfisch) und *landgangsbrød* (belegtes Roggenbrot). Angeschlossen ist zudem ein Laden (s. S. 80).
- 19 [B4] **Victoria's Palace** €. In dem nostalgischen Café im Stil der Jahrhundertwende fühlt man sich in das mondäne Seebad vergangener Tage zurückversetzt, das Fanø Bad einst war.
- **Vinlageret** € <055> Hovedgaden 37, Nordby, Tel. 75166540, geöffnet: tägl. 10–18 Uhr, Fr. bis Mitternacht, bei Bedarf auch länger. Gemütliche, kleine Kneipe mit viel Atmosphäre und angeschlossener Weinhandlung. Im Winter macht Inhaberin Birgit Nielsen den besten Glühwein der Insel, der nach Kirschen und Orangen duftet.

Einkaufen

- **Agavanza** <056> Hovedgaden 30, Nordby, Tel. 30487425, www.agavanza.com, geöffnet: Mo. u. Mi. 11–17, Do./Fr. 11–18, Sa. 10–14 Uhr. Die Inhaber, Silberschmiede Charlotte Skov und Marcos Perez, lassen sich von der Natur der Insel inspirieren und kreieren außergewöhnlichen Schmuck aus Sterling-Silber.
- **Art Knits** <057> Hovedgaden 76, Nordby, Tel. 30703057, www.christel-seyfarth.dk/en, geöffnet: Juni–Sept. Mo.–Fr. 11–17, Sa. 10–14 Uhr, sonst s. Website. Christel Seyfarth bietet ihre kunterbunten und außergewöhnlichen Pullover, Jacken und Ponchos, die wahren Kunstwerken ähneln, in ihrer Boutique Art Knits an. Das Strickgarn dazu ist ebenfalls im Laden erhältlich.

052rf-cl

■ **Blå Living** <058> Hovedgaden 65 a, Nordby, Tel. 53695777, www.blaa-living.dk, geöffnet: Mo. 11–17, Mi.–Fr. 11–17, Sa. 10–14 Uhr. Die Hamburgerin und Grafik-Designerin Claudia Odenbach verkauft in ihrem liebevoll eingerichteten Fair-Trade-Laden Geschenkartikel, Tücher, Shirts, Schmuck, Taschen, Keramik und vieles mehr.

■ **Fanø Bageri** <059> Færgevej 1, Nordby, Tel. 75162020, www.fanoebageri.dk, geöffnet: Di.–Fr. 6.30–17, Sa./So. 6.30–16 Uhr. Beim Inselbäcker gibt es eine große Auswahl an frischem Brot und Gebäck.

■ **Fanø Boghandel** <060> Hovedgaden 58, Nordby, Tel. 75162184, www.fanoboghandel.dk, geöffnet: Mo.–Fr. 9–17.30, Sa. 9–14 Uhr. Hier bekommt man Bücher, auch in deutscher Sprache, und Schreibwaren. Mit angeschlossener Postfiliale.

■ **Fanø Glaspusteri** <061> Hovedgaden 47, Nordby, Tel. 75164800, www.fanoeglaspusteri.dk, geöffnet: Mo.–Fr. 10–17, Sa. 10–13 Uhr. Wunderschöne Glaskunst der Kopenhagenerin Charlotte La Cour. Besucher dürfen der Künstlerin bei der Arbeit zuschauen.

› **Kunstladen** <062> Postvejen 29/Ecke Nygårdsvej, Rindby, Tel. 75163504, www.kunstladen.dk, geöffnet: tägl. 10–17.30 Uhr. In dem riesigen Laden findet man auf 600 m² alles von Kunsthandwerk über Badezimmer- und Küchenartikel, Accessoires und Kleidung.

› **Nyform** <063> Strandvejen 56, Fanø Bad, Tel. 75163484, www.ny-form.com, geöffnet: Mo.–Sa. 10–18, So. 10–17.30 Uhr, im Winter kürzere Öffnungszeiten (s. Website). Große Auswahl an Sportartikeln, Sportbekleidung und Mode zu günstigen Preisen.

› **Rudbecks** (s. S. 79). Im Laden der ehemaligen Biobauern aus Westjütland findet man alles, was das Feinschmeckerherz höherschlagen lässt: 50 Sorten Käse, selbst hergestellte Butter, Brot, hausgemachte Marmeladen, Senf, Fanø-Schinken, Bio-Rindfleisch, Bier aus dem Fanø Bryghus und süße Leckereien.

■ **Slagter Christiansen** <064> Hovedgaden 17, Nordby, Tel. 75162067, www.fanoeslagteren.dk, geöffnet: Mo.–Do. 8–17.30, Fr. 8–18, Sa. 8–13 Uhr. Bei Metzger Christiansen gibt es hausgemachte Wurst- und Fleischwaren nach alter Handwerkstradition.

■ **SuperBrugsen** <065> Hovedgaden 87, Nordby, Tel. 75162009, www.brugsenfano.dk, geöffnet: tägl. 7–19 Uhr. Im größten Supermarkt der Insel mit kleinem Café-Bereich bekommt man auf 1300 m² alles für den täglichen Bedarf.

In der Fanø Glaspusteri kann man der Künstlerin bei der Arbeit zusehen

Auf Krebse stößt man bei jeder Wattwanderung

› **Terra di Toscana** <066> Hovedgaden 56, Nordby, Tel. 23846717, www.toscanabutikken.dk, geöffnet: im Sommer Mo.-Fr. 11-18, Sa. 10.30-14 Uhr, im Winter nur sporadisch (Details s. Website). Inhaber Federico Beccaglia aus der Toskana verschlug es aus Liebe zu seiner dänischen Frau nach Fanø. 2010 eröffnete er seinen Laden mit Artikeln aus Italien: Espressokannen, Keramik, Gläser, Kleidung, Schuhe, Accessoires und die Bio-Olivenöl-Kosmetikserie „Prima Spremitura“. In einer Ecke des Ladens befindet sich die „Mamma Ro Corner“ mit einem großen Tisch, an dem Espresso und Cappuccino serviert werden.

› **Vinlageret** (s. S. 79). Der einzige Weinhandel Fanøs mit Weinen aus aller Welt und einer großen Auswahl an Bieren sowie Schnäpsen.

Fanø mit Kindern

› **Spielland für Kinder** <067> Rødgaard Camping, Kirkevejen 13, Rindby, Tel. 75163311, www.rodgaard-camping.dk. Im größten Indoor-Spielland der Insel finden Kinder unter 12 Jahren auf 400 m² jede Menge Möglichkeiten für Spiel und Spaß. Eintritt 25 dkr pro Stunde, für Gäste im Restaurant Axel ist der Eintritt frei.

› **Waldspielplatz (Skovlegeplads)** <068> Klitplantage am Pælebjergvej zwischen Sønderho und Nordby, www.fanoeskovlegeplads.mono.net. Auf dem Spielplatz, der das ganze Jahr über frei zugänglich ist, gibt es zahlreiche Spielgeräte aus Holz, wovon viele von internationalen Künstlern als Fabelwesen und Waldgeister gestaltet wurden. Im Wald befindet sich eine Nachbildung des Sherwood Forest, in dem Robin Hood sein Unwesen trieb, und es gibt einen Parcours, auf dem Kinder testen können, ob sie schneller laufen als ein Hase, eine Schnecke oder ein Reh. Auch Erwachsene kommen auf ihre Kosten, denn auf dem Gelände gibt es einen Picknickbereich mit Bänken und Tischen, Feuerstellen und einer großen überdachten Grillhütte.

› **Wattwanderung,** Strandskaden, Tel. 30202543, www.strandskaden.dk. Zusammen mit einem Guide geht es mit Grabegabeln und Eimern auf die Suche nach Wattwürmern, Muscheln, Schnecken und Krebsen. Die Kinder erfahren dabei alles Wissenswerte zum Leben im Watt. Die Tour endet mit einem Lagerfeuer, über dem Marshmallows geröstet werden. Die Touren sind für Kinder ab 5 Jahren geeignet und werden von Juni bis September angeboten. Tourdauer: 1½ Stunden.

018rf-cl

Wassersport und Outdooraktivitäten Fanø

Baden

Die **Wasserqualität** der Nordsee ist generell sehr gut. Das Wasser ist meistens **kalt**, die Temperaturen überschreiten selten die 17-Grad-Marke. Fanøs Strände wurden wegen ihrer hohen Qualität mit der **Blauen Flagge** ausgezeichnet.

Entlang der **Westküste** von Fanø verläuft ein 16 Kilometer langer **Sandstrand**, wobei sich der für Badende und Sonnenanbeter am besten geeignete Abschnitt zwischen **Fanø Bad** 18 und **Rindby Strand** [B4] erstreckt. Bei Ebbe ist der Strand über einen Kilometer breit. Von Jahr zu Jahr wird er breiter, sodass sich in der Mitte des Strandes nach und nach neue Dünenreihen bilden. Im Sommer steht am Rindby Strand ein **Rettungsschwimmerturm.**

Südlich von Rindby Strand erstreckt sich ein für Powerkiter, Blokart- und Kitebuggyfahrer ausgewiesenes Gebiet (s. S. 85).

Als besonders **familienfreundlich** gilt **Rindby Strand:** Das Wasser am Ufer ist nicht so tief und es gibt kaum Strömung. Tipps und Infos für einen **sicheren Aufenthalt im Meer** finden sich auf S. 54.

Der **FKK-Strand** befindet sich am meist leeren Søren Jessens Sand.

Wie auf der Nachbarinsel Rømø darf auch hier der **Strand mit Auto und Wohnmobil befahren** werden. Verboten sind Fahrzeuge allerdings auf der gigantischen **Sandbank Søren Jessens Sand**, die sich nördlich von Fanø Bad 18 befindet und ein Naturschutzgebiet ist.

Wassersport

Aufgrund der Lage der Insel im **Westwindgürtel** finden **Wind- und Kitesurfer** auf Fanø optimale Bedingungen. Surflehrgänge werden am Strand allerdings nicht angeboten.

Stand up Paddling (SUP) ist die neue Trendwassersportart auf Fanø. Sie lässt sich gut im Rahmen von Tageskursen erlernen. Kurse sowie einen Board- und Paddelverleih finden Gäste hier:

› **SUP Fanø** <069> Nord Land 11, Sønderho, Tel. 29926583, www.supfano.dk, geöffnet: tägl. 10–17 Uhr, Schnupperkurse ab 350 dkr. Die Kurse finden an der Ostküste, in der Nähe des Hafens in Nordby statt, denn dort ist das Wasser ruhiger als an der Westküste von Fanø.

053rf-cl

Kajaktouren im Wattenmeer ist nur etwas für Geübte. Eine Übersicht über Kajakrouten gibt es hier:

› www.visitfanoe.dk/media/3151/27_kajakruter_tysk_version.pdf

Wandern

Auf Fanø gibt es mehrere kürzere **Wanderrouten**, die zwischen vier und sieben Kilometer lang und leicht begehbar sind.

Auf der **Erlebniskarte von Visit Fanø**, die kostenlos in der **Touristeninformation** (s. S. 76) erhältlich ist, sind mehrere Wanderungen beschrieben und eingezeichnet.

Wanderung 1: Klitplantage und Pælebjerg

Vom **Parkplatz P3** führt ein **markierter Weg** auf sandigen Wegen durch die hügelige Kiefern- und Heidelandschaft der **Klitplantage** zur **höchsten Erhebung der Insel**, der 21 Meter hohen **Düne Pælebjerg.** Die Plantage, das „Zwischenland" zwischen Nordby und Sønderho, wurde 1892 angepflanzt, um dem Sandflug Einhalt zu gebieten. Die **vielseitige Landschaft** des Forsts wechselt sich ab mit kleinen Teichen, Mooren, Heideflächen, Wiesen, windschiefen Kiefern und Wald.

Vom Parkplatz P3 marschiert man zunächst in westliche Richtung. Man passiert den **Parkplatz P5** und den **Waldspielplatz** (s. S. 81) und wandert entlang eines leicht kurvigen Weges in Richtung Norden bis zum **Parkplatz P4.** Hier biegt man links ab und stößt nach wenigen Minuten auf den **Pælebjerg**, auf den eine **Treppe** hinaufführt. Von der **Aussichtsplattform** auf dem „Gipfel" bietet sich ein herrlicher Blick über die Heide- und Waldlandschaft der Klitplantage, den Strand und das Meer.

Nördlich vom Pælebjerg befindet sich, eingerahmt von Bäumen, der kleine **Waldsee Pælebjergsøen**, das Überbleibsel einer Meerenge, die Fanø einst in zwei Inselbereiche teilte. Am See stehen **Holzbänke**, die zum Verweilen einladen.

Zurück zum **Parkplatz P3** geht es auf demselben Weg wie zuvor. Am Waldspielplatz kann man picknicken.

Wer auf einem anderen Weg zurückgehen möchte, marschiert ab dem Parkplatz P4 in östliche Richtung bis zum Landevejen und von dort nach Süden zurück zum P3.

◁ Die Wolken über dem Strand von Fanø Bad (18) spiegeln sich im Wasser

Routenverlauf im Inselplan

Die hier beschriebenen Wanderungen sind mit farbigen Linien im Inselplan eingezeichnet.

- **Charakter:** einfacher, gut begehbarer Weg in leicht hügeliger Landschaft
- **Ausgangs- und Endpunkt:** Parkplatz P3 am Landevejen
- **Länge:** 4 km
- **Dauer:** 1–2 Std.
- **Einkehr:** Unterwegs gibt es keine Möglichkeit, daher sollte man sich Wasser und Proviant mitnehmen. Am Waldspielplatz (Skovlegeplads, s. S. 81) stehen Tische, an denen man picknicken oder grillen kann.
- **Anfahrt:** mit dem Auto oder Fahrrad bis zum Parkplatz P3 am Landevejen, 8 km südlich von Nordby, alternativ mit dem Bus 431 bis Haltestelle Landevejen/Gamle Fuglekøje

Wanderung 2: Vogelkojen-Route

Die Route ist ab dem **Parkplatz P3** gekennzeichnet und führt über **Heidegebiet**, durch den **Dünenwald** und eine Reihe alter Dünen zu den drei noch erhaltenen Vogelkojen Fanøs, die nicht weit voneinander entfernt an der Ostküste liegen.

Zunächst geht es über die Sønderho-Heide in **nördliche Richtung** zum 17 Meter hohen **Aussichtspunkt Annesdalsbjerg**, von dem man eine wunderbare Aussicht über die Insel genießt. Nun geht man weiter bis zum Parkplatz P2.

Von dort erreicht man in östlicher Richtung die **Albue-Vogelkoje.** Sie stammt aus dem Jahr 1889 und liegt in der Albue-Bucht. Heute werden hier Stockenten gezüchtet und jährlich um die 300 wilde Grauenten ausgebrütet. Die Enten können sich frei bewegen. Die Vogelkoje ist nur von Ende Juni bis 1. September Di.–Do. 13.30–17 Uhr geöffnet, was der Wanderung jedoch keinen Abbruch tut, denn die nächste Koje ist das ganze Jahr über zugänglich: In **südlicher Richtung** gelangt man über sandige Dünenwege zur **Alten Vogelkoje Sønderho** (20).

Noch ein Stück weiter südlich befindet sich die **Sønderho Vogelkoje,** die im Prinzip den anderen beiden gleicht. Danach marschiert man in westlicher Richtung zum **Landevejen** und auf diesem in Richtung Norden zurück zum **Parkplatz P3.**

- **Charakter:** leicht begehbare Wege, auch für ungeübte Wanderer gut zu bewältigen
- **Ausgangs- und Endpunkt:** Parkplatz P3 am Landevejen
- **Länge:** 5,5 km
- **Dauer:** 2–3 Std.
- **Einkehr:** Unterwegs gibt es keine Möglichkeit, daher sollte man sich Wasser und Proviant mitnehmen.
- **Anfahrt:** mit dem Auto bis zum Parkplatz P3 am Landevejen, alternativ mit dem Bus 431 bis Haltestelle Landevejen/Gamle Fuglekøje

EXTRATIPP

Wanderung für Strandliebhaber

Ein leicht begehbarer Weg von ca. 7 km Länge führt am autofreien Strand Søren Jessens Sand entlang. Die Route ist nicht gekennzeichnet und man sollte die Wanderung **nur bei schönem Wetter** unternehmen, denn bei plötzlich aufkommendem Nebel wird es gefährlich: Man kann die Orientierung verlieren und den Rückweg zum Land nicht mehr erkennen.

Der **Ausgangs- und Endpunkt** ist in Fanø Bad (18). Zunächst geht es geradeaus in **Richtung Meer,** dann wendet man sich **nach Norden** und wandert entlang **Fanøs größter Sandbank Søren Jessens Sand,** die nur bei Sturmfluten überspült wird. Das Gebiet steht unter **Naturschutz** und darf nicht mit dem Auto befahren werden. Früher war die Sandbank durch eine Gezeitenrinne von Fanø abgetrennt, heute ist sie bis auf ihren nördlichsten Teil an die Insel angegliedert – lediglich dort treibt die Flut einen Wasserkeil zwischen die Insel und die Sandbank.

Je weiter man nach Norden kommt, desto seltener trifft man auf andere Strandwanderer, mitunter aber auf **Robben,** die sich sonnen (Vorsichtsmaßnahmen beachten, s. S. 25). Zurück nach **Fanø Bad** gelangt man **auf der Landseite** in südlicher Richtung.

Weitere Aktivitäten

Angeln

Im **Jachthafen von Nordby** ⓭ tummeln sich Aale und Plattfische – dort ist Angeln erlaubt. Dafür benötigt man einen **Angelschein,** den man in der Touristeninformation Visit Fanø (s. S. 76) erwerben kann.

Auf Fanø gibt es außerdem zwei zusammenhängende **Forellenseen (Fanø Fiskesø).** Am Kiosk beim See werden Angelgeräte und -zubehör verkauft, man kann dort zudem Angelruten ausleihen.

› **Fanø Fiskesø** <070> Storetoft 30, Nordby, Tel. 29162115
› **Infos und Preise:** www.angelsee.info/ort/fano-fiskeso-forellensee-auf-fanoe

Austernsafari

In den Monaten mit R (Sept.–April) werden auf Fanø Austern-Touren angeboten. Diese lassen sich über die **Touristeninformation Visit Fanø** (s. S. 76) oder direkt beim **Oyster King** (s. rechts) buchen.

› **Infos und Buchung:** http://book.visitfanoe.dk/de/to-do (unter „Club Fanø Austernsafari"), Tel. 42412565, Dauer. ca. 3 Std., Treffpunkt: Visit Fanø, Preis: Erw. 175 dkr, Kinder 4–14 Jahre 40 dkr

Blokarten und Powerkiten

Blokarten ist eine Variante des **Strandsegelns.** Ein Blokart ist mit einem Segel versehen und wird mit einem Lenker gesteuert. Nach nur wenigen Minuten Einweisung ist man bereit für den Anfängerparcours. Schon Achtjährige können allein losfahren, es gibt aber auch Modelle mit zwei Sitzen, wobei der zweite Sitz für ein Kind bestimmt ist.

Am **Rindby Strand** [B4] befindet sich die **Blokartschule des Blokart Team,** die den dreirädrigen Strand-

EXTRATIPP

Der Austernkönig von Fanø

Bevor er sich selbst zum Oyster King ernannte, war der gebürtige Kopenhagener **Jesper Danneberg Voss** Personalberater in Luxemburg und hatte einen 16-Stunden-Tag. Das war irgendwann zu viel, er zog die Notbremse und ließ sich auf Fanø nieder, wo er seit 2008 Austerntouren anbietet, an denen durchschnittlich 15 bis 25 Personen teilnehmen.

Die Route im Watt beträgt 1,4 km pro Hin- und Rückweg. Wer schnell ist, kann dabei bis zu 100 Austern sammeln. „Wenn wir dann zurückkommen, haben wir eineinhalb bis zwei Stunden kulinarisches Austernessen mit Weißwein oder Fanø-Bier vor uns", schwärmt Jesper, dessen **Buch „The Oyster King Cookbook"** 2016 erschien. Eine seiner Spezialitäten sind Austern, garniert mit Erdbeeren, einem Spritzer Limettensaft und frisch gemahlenem Pfeffer.

Der **Name Oyster King** ist ihm – wie sollte es anders sein – beim Austernsammeln eingefallen. „Am Anfang haben die Inselbewohner gelacht, als ich sagte, dass ich der Oyster King bin. Sie meinten, ich würde spinnen und nun vollkommen abheben. Mittlerweile sagen sie aber, dass es schlau war, da der Name mir eine Persönlichkeit gibt. Die Leute wissen, wer ich bin – nicht nur auf der Insel, sondern überall in Dänemark und mittlerweile auch in Deutschland, Luxemburg und Frankreich."

› **Infos und Buchung:** www.oyster-king.dk, Tel. 28222074

054rf-ft

EXTRATIPP

Bunkerführung auf Fanø

Die **deutsche Wehrmacht** besetzte Dänemark im April 1940 (s. Exkurs S. 14) und errichtete auf Fanø über 300 Betonbunker als Teil des **Atlantikwalls,** der den Hafen von Esbjerg 29 sichern und die Landung der alliierten Truppen verhindern sollte. Bis zu 2500 deutsche Soldaten waren auf der kleinen Insel stationiert. Die meisten Bunker befanden sich im Norden und in der Inselmitte sowie in den Dünen am Strand zwischen Fanø Bad 18 und Sønderho 21. Viele sind inzwischen versandet und mit Gras überwachsen. Rund **100 Bunker** können heute besichtigt werden, darunter der größte Geschützstand Flak Nord. Der **Verein „Fanø im Atlantikwall"** führt im Frühjahr und Sommer durch die Bunker. Gebucht werden können die Touren bei der Touristeninformation Visit Fanø (s. S. 76).

segler auch verleiht. Dies ist auch bei **Kites & Coffee** möglich.

Powerkiten bezeichnet das Kiten an Land, also am Strand oder auf einer Wiese. Ein großes Sortiment an Trainerkites und Matten gibt es bei Kites & Coffee.

- **Blokart Team** <071> Rindby Strand, Tel. 28785599, www.blokart.info
- **Kites & Coffee** <072> Kirkevejen 37, Rindby, Tel. 36925666, www.kitesandcoffee.dk, geöffnet: Ostern–Okt. tägl. 10–17 Uhr

Drachen steigen lassen

Der **breite Strand** und die **stabilen Windverhältnisse** machen Fanø zum Paradies für Drachenenthusiasten. Wer keinen eigenen Drachen dabei hat, findet bei **Kites & Coffee** (s. oben) eine große Auswahl.

Beim Drachenfestival (s. S. 17) am Strand von Fanø Bad 18

056rf-cl

↑ *Mit dem Rad kommt man auf der Insel fast überall hin*

Geocaching

Bei der **Schatzsuche mit GPS** navigieren sich die Teilnehmer zu einem bestimmten Koordinatenpunkt und versuchen, den Cache (Behälter) zu finden, der dort versteckt ist. Dazu muss man sich zunächst kostenlos auf www.geocaching.com registrieren. Auf der Website wird erklärt, wie Geocaching funktioniert.

Auf Fanø gibt es die **Geocachingroute „The Big 5"**, welche die Schatzsucher zu den fünf höchsten Dünenbergen (Kikkebjerg 17, Klingebjerg, Annedalsbjerg, Pælebjerg und Modedalsbjerg) führt. Zusätzlich kann man einen Bonus-Cache finden, für den es in der **Touristeninformation Visit Fanø** (s. S. 76) in Nordby 13 eine Prämie gibt.

› **Infos:** www.visitfanoe.dk (unter „Sehen und Erleben"/„Aktivitäten"/„Geocaching")

Golf und Minigolf

Fanø Golf Links ist der älteste Golfplatz in Dänemark, der zugleich der einzige Links-Platz des Landes ist. Die Golfanlage erstreckt sich in der Dünenlandschaft mit Blick auf das Meer. In Fanø Bad 18 gibt es außerdem eine **18-Loch-Minigolfanlage.**

› **Fanø Golf Links** <073> Golfvej 5, Fanø Bad, Tel. 75161400, www.fanoe-golf-links.dk/de

› **Minigolfanlage Fanø Bad** <074> Golfvejen 1, Tel. 76660077

Radfahren

Gut ausgeschilderte Radwege erschließen die Insel in ihrer gesamten Länge und Breite, die Distanzen zwischen den einzelnen Ortschaften sind kurz und es gibt **keine Hügel.** Lediglich der **Wind** stellt ab und zu eine Herausforderung dar, besonders, wenn man am Strand Fahrrad fährt. Geradelt werden darf auf allen Wegen, sofern es sich nicht um Feldwege auf Privatgrundstücken handelt.

Auf Fanø gibt es mehrere **Fahrradverleihe,** unter anderem **Fanø Cykler**

(s. S. 76) und **Fri Bikeshop Fanø** (s. S. 76) in Nordby (13). Ein normales Tourenrad **kostet** pro Tag ca. 70 dkr, pro Woche 350 dkr, **E-Bikes** werden auf Fanø bisher nicht vermietet.

Eine der schönsten Strecken per pedales ist die **Nordby-Sønderho-Route** in Form einer **Rundfahrt:** Von Nordby radelt man auf dem zweispurigen Radweg in Richtung Sønderho, zurück nach Nordby fährt man am Strand entlang. Auf insgesamt 30 Kilometern fährt man so einmal rund um die Insel.

› **Infos zur Route:** http://visitfanoe.dk/media/3188/luft-under-vingerne-de.pdf

Reiten

Reittouren mit Pferden und Ponys sowohl für Anfänger als auch für Fortgeschrittene kann man beispielsweise hier buchen:

› **Fanø Rundridning** <075> Midtbjergevej 14, Nordby, Tel. 60652221, www.fanoridning.dk, Bezahlung nur in bar möglich, einstündiger Ausritt mit Begleitung: 300 dkr

Schnaps-Tour

Die Schnaps-Tour wird von der **Natur- und Kulturvermittlung Strandskaden** angeboten. Mit einem Guide begibt man sich in die Natur und sammelt Kräuter für alte und neue Schnapsrezepte. Auf dem Weg gibt es **Kostproben.**

› **Infos und Buchung:** www.strandskaden.dk/de (unter „Touren auf Fanø"/„SchnapsTour"), Tel. 30202543, Dauer: ca. 2 Std. (5 km), Preis: 150 dkr

Tennis

Zwei Kunstrasenplätze zum Preis von 100 dkr pro Stunde lassen sich über **Fanø Golf Links** (s. S. 87) buchen.

Seehundsafari

Mit einem Guide geht es zu Fuß hinaus ins Wattenmeer zur **Sandbank Galgerev.** Auf einer weiteren Sandbank in 100 Metern Entfernung tummeln sich mehrere Hundert Seehunde und Kegelrobben (Vorsichtsmaßnahmen beachten, s. S. 25). Die Touren werden **von April bis September** von **Strandskaden** und **Club Fanø** angeboten.

› Treffpunkt: Strand von Sønderho (21), Dauer: ca. 2 Std., Preis: Erw. 100 dkr, Kinder 50 dkr

› **Strandskaden,** www.strandskaden.dk (unter „Touren auf Fanø"/„Robben Safari"), Tel. 30202543

› **Club Fanø,** http://book.visitfanoe.dk/de/to-do unter „Club Fanø Robben Safari")

AUSFLÜGE IN DIE UMGEBUNG

083rf-dt©Frankix, Dreamstime.com

29 Esbjerg ★★★ [D3]

Die 83.000 Einwohner zählende Stadt wurde erst 1868 gegründet, nachdem Dänemark im Krieg gegen Preußen vier Jahre zuvor den für Agrarexporte nach Großbritannien wichtigen zollfreien Zugang zu den Nordseehäfen in Schleswig-Holstein verloren hatte. Esbjerg war über 100 Jahre lang einer der wichtigsten Fischereihäfen des Landes und ist heute Versorgungshafen für die dänische Öl- und Gasförderung in der Nordsee. Die Fährverbindung ins englische Harwich, die seit 1874 bestand, wurde 2014 geschlossen.

Zentrum der Stadt ist der **Torvet** mit einer Reiterstatue König Christians IX. und dem alten Gerichts- und Arrestgebäude aus dem Jahr 1891, in dem heute das Standesamt und die **Touristeninformation VisitEsbjerg** untergebracht sind. Rings um den Platz befinden sich Cafés und Restaurants. Im Sommer finden auf dem Torvet Floh- und Wochenmärkte statt, im August das einwöchige Kulturfestival „Esbjerg Festuge" mit Kirchen-, Opern- und Popmusik, Kunst in Containern am Hafen, Kunsthandwerksmesse etc. (ausführliche Informationen und Programm: www.esbjergfestuge.dk). Im Winter ist hier ein Weihnachtsmarkt mit großer Eislaufbahn.

Hauptgeschäftsstraße ist die **Kongensgade**, Dänemarks längste Fußgängerzone mit über 200 Geschäften, schmucken kleinen Boutiquen, Kaufhäusern, Cafés und Restaurants. Hier befindet sich auch der **Hauptbahnhof**, ein rotes Backsteingebäude mit Türmen, das zu den architektoni-

EXTRATIPP

Krimischauplatz Esbjerg: Nina Portland ermittelt

Noch keine Urlaubslektüre? Der Esbjerger Kriminalautor Jens Henrik Jensen macht in seiner Portland-Trilogie seine Heimatstadt zum Schauplatz von Verbrechen, und wenn sich Ermittlern Nina Portland am Wochenende erholen will, fährt sie mit der Fähre rüber nach Fanø. Die Bücher sind auf Deutsch bei Piper und als E-Books erschienen.

058rf-cl

schen Sehenswürdigkeiten der Stadt zählt. Da die **Universitäten** von Süddänemark und Ålborg je einen Campus in Esbjerg haben und es auch ein bekanntes **Musikkonservatorium** gibt, ist das Stadtbild von Studenten und jungen Einwohnern geprägt.

30 Wasserturm ★★★ [I]

Das 36 Meter hohe Wahrzeichen der Stadt steht am Rande des Hafens. Der **rote Backsteinturm** mit den vier weißen Türmchen wurde 1897 nach dem Vorbild des mittelalterlichen Nassauer Hauses in Nürnberg erbaut. Im Gebäude gibt es eine **Dauerausstellung** mit allem Wissenswerten zum Turm sowie Informationen zu anderen europäischen Wassertürmen. Wer ein paar Stockwerke hinaufklettert, wird mit einer einmaligen Sicht über Esbjerg und den Hafen belohnt.

› Havnegade 22, Tel. 76163939, www.esbjergmuseum.dk, geöffnet: Juni–Mitte Sept. Di.–So. 10–16, April/Mai u. Mitte Sept.–Okt. Sa./So. 10–16 Uhr, Eintritt: Erw. 20 dkr, Kinder unter 18 J. frei

31 Museumsfeuerschiff Horns Rev ★★ [I]

Das erste motorisierte Feuerschiff, das 1914 bis 1984 im Dienst war, ist weltweit das größte erhaltene hölzerne Feuerschiff mit Motor. An Bord zeigt eine Ausstellung, wie das Leben an Bord war.

011rf-cl

› Rødspættekaj, Fischereihafen Esbjerg, Tel. 21621104, www.horns-rev.dk, geöffnet: Mai–Aug. Mo., Di., Do. 10–14 Uhr, Eintritt: Erw. 25 dkr, Kinder 10–16 J. 10 dkr, unter 10 J. frei

32 Fischerei- und Seefahrtsmuseum ★★★ [C1]

Das Museum vier Kilometer nördlich des Zentrums bietet auf 15.000 m² ein maritimes Erlebnis für Groß und Klein. In den zahlreichen Ausstellungen geht es um Themen wie die dänische Fischerei, Walstrandungen, Strandgut, das Fisch- und Tierleben in der Nordsee und die Vögel des Wattenmeers. Das Außengelände verteilt

Sicht von Nordby 13 (Fanø) auf den Hafen von Esbjerg

Vorseite: Königin Dagmar (s. S. 101) schaut vom Schlosshügel in Ribe in die Ferne

Der Torvet mit der Reiterstatue König Christians IX. ist das Zentrum von Esbjerg

sich auf eine Freilichtausstellung mit Dünen, Strand, Bunker, Hafen mit Schiffen und Wracks und einem maritimen Spielplatz sowie einen Wattenmeerpavillon, ein Robbarium und ein Salzwasseraquarium mit Anfassbecken, wo man einen Katzenhai streicheln kann. Besuchermagnet sind die täglichen Robbenfütterungen im Freiluftbecken um 11 und 14.30 Uhr.

Robbenfütterung im Fischerei- und Seefahrtsmuseum

König Christian IX., Europas Schwiegervater

König Frederik VII., Christians Vorgänger, war kinderlos geblieben. Man suchte schon frühzeitig einen Nachfolger und entschied sich mit einer Verfassungsänderung 1852 für den Sohn von Herzog Wilhelm von Schleswig-Holstein-Sonderburg-Glücksburg, da er mit dem dänischen Königshaus verwandt war. Seine Großmutter mütterlicherseits, Prinzessin Louise, war die Tochter von König Frederik V.

*Da Christian IX. (*1818) Dänisch stets mit deutschem Akzent sprach, war er als König nicht sehr beliebt. Seit seiner Thronbesteigung 1863 führen alle dänischen Monarchen ihre Wurzeln auf das Herzogtum Schleswig-Holstein-Sonderburg-Glücksburg zurück.*

Nach seiner Niederlage im Krieg gegen Preußen und Österreich 1864, in deren Folge Dänemark Schleswig und Holstein an Preußen abtreten musste, verfolgte der König konsequent eine Friedens- und Neutralitätspolitik. Diese war erfolgreich, nicht zuletzt, weil er seine sechs Kinder an diverse europäische Königshäuser verheiratet hatte, was ihm den Beinamen „Schwiegervater Europas“ einbrachte. Seine Tochter Alexandra gab 1863 dem englischen Thronfolger Edward VII. ihr Ja-Wort, sein Sohn Wilhelm bestieg im selben Jahr als Georg I. den griechischen Thron und heiratete vier Jahre später eine Nichte des russischen Zaren. Tochter Dagmar ehelichte 1866 Zar Alexander III. und wurde zu „Maria Fjodorowna“, Mutter des letzten russischen Zaren. Sein ältester Sohn, Frederik, verband sich mit Schwedenprinzessin Louise, die jüngste Tochter, Thyra, heiratete 1878 Herzog Ernst-August II. von Cumberland und Sohn Waldemar gab 1885 Marie, Prinzessin von Orléans, sein Ja-Wort. 1905 bestieg Christians Enkel, Prinz Karl, als Haakon VII. den Thron von Norwegen.

Europas Schwiegervater blieb bis zu seinem Tod 1906 auf dem Thron. Durch die vielen Eheschließungen waren die Nachkommen Christians IX. mit vielen europäischen Königshäusern verwandt. So ist er der Urgroßvater von Königin Elisabeth II. von England und gleichzeitig der Urgroßvater ihres Gemahls, Prinz Philip.

› **Fiskeri- og Søfartsmuseet,** Tarphagevej 2, Tel. 76122000, www.fimus.dk, geöffnet: 2.–31. Jan. tägl. 10–16, 1. Feb.–Ende Juni tägl. 10–17, Ende Juni–31. Aug. tägl. 10–18, 1. Sept.–31. Okt. tägl. 10–17, 1. Nov.–30. Dez. 10–16 Uhr. An Weihnachten geschlossen. Eintritt: je nach Saison Erw. 115–140 dkr (siehe Website), Kinder und Jugendliche unter 18 J. frei.

33 Monument „Der Mensch am Meer" ★★★ [C1]

Einen Steinwurf vom Fischerei- und Seefahrtsmuseum entfernt begrüßt das Monument „Der Mensch am Meer" („**Mennesket ved Havet**") Reisende, die auf dem Seeweg nach Esbjerg kommen. Die neun Meter hohe Skulpturengruppe aus weißem Beton von Svend Wiig Hansen wurde 1994 aus Anlass des 100-jährigen Jubiläums der Stadt als selbstständiger Gemeinde errichtet und 1995 enthüllt. Die **vier weißen Riesen** symbolisieren die Begegnung des reinen, unverdorbenen Menschen mit der Natur, so der Künstler: der Mensch, wie er ist, als er von seiner Mutter geboren wird, bevor er sich erhebt und zu handeln beginnt. Vom Meer her lassen sich die vier Giganten während einer Hafenrundfahrt bestaunen.

› Sædding Strand (nördlich des Fischereihafens)

34 Kunstmuseum und Musikhuset ★ [I]

Das Museum besitzt eine große Sammlung dänischer Kunst von 1920 bis zur Gegenwart, darunter zahlreiche Werke der **COBRA-Maler.** Der Name der Künstlergruppe, die von 1948 bis 1951 bestand, geht auf die Anfangsbuchstaben der Städte zurück, aus denen die Gründungsmitglieder stammten: Copenhagen, Brüssel und Amsterdam. Zudem ist das Museum **Plattform der jungen Kunstszene** und **Experimen-**

Beeindruckend: das Monument „Der Mensch am Meer"

060rf-cl

tierfeld für etablierte Künstler. Regelmäßig finden Sonderausstellungen internationaler Gegenwartskunst statt. Für Kinder gibt es interaktive Installationen.

Der Architekt **Jørn Utzon** (1918–2008), der das berühmte Openhaus von Sydney entwarf, und sein Sohn Jan integrierten das Gebäude des Kunstmuseums aus den 1960er-Jahren in das 1997 eröffnete **Musikhuset**, in dessen beiden Konzertsälen Pop und Klassik gespielt werden. Es ist Heimstatt des über Dänemarks Grenzen hinaus bekannten Opernensembles **Den Ny Opera** („Die Neue Oper") und der kulturelle Treffpunkt Südwestjütlands.

› Havnegade 20, Tel. 75130211, www.eskum.dk, geöffnet: tägl. 10–16 Uhr, Eintritt: Erw. 60 dkr, Kinder unter 18 J. frei

35 Esbjerg Museum ★★ [I]

Neben seiner kulturhistorischen Abteilung mit Stadtgeschichte und vorzeitlicher Geschichte besitzt das 1941 eröffnete Museum eine große Bernsteinsammlung, deren älteste Stücke fast 10.000 Jahre alt sind. Das Museum ist **bis Ende 2017 wegen Umbau geschlossen.**

› Torvegade 45, Tel. 76163939, www.esbjergmuseum.dk, geöffnet: Di.–So. 10–16 Uhr, Eintritt 40 dkr, Kinder bis 18 J. frei, Mi. gratis

36 Hjerting ★★★ [IV]

Mit seinen wunderschönen alten Häusern mit roten Ziegeldächern, modernen Villen in ungewöhnlicher Architektur, der 600 Meter langen hölzernen Strandpromenade, dem gepflegten Sandstrand und dem schönsten **Badehotel** im Süden Jütlands gilt das ehemalige Fischerdorf aus dem 14. Jh., ca. 7 km nördlich der Stadt, als **bessere Wohnlage Esbjergs.** Nicht weit von der Strandpromenade entfernt befindet sich der Strandpark mit einer 60 Meter langen **Badebrücke in die Ho Bucht**, dem nördlichsten Zipfel des Wattenmeeres.

Das Hjerting Badehotel ist eines der schönsten an der Küste

061rf-cl

Von der Fischerei zum Zentrum der dänischen Energiebranche

Ab 1900 entwickelte sich Esbjerg zum größten Fischereihafen des Landes. Es entstand eine beträchtliche Fangflotte aus Holzkuttern, die Fische mit Schleppnetzen fingen. Der Fang wurde auf Eis gelegt und mit der Eisenbahn an Händler in dänischen und norddeutschen Städten geliefert. Damals lebte ein großer Teil der Esbjerger direkt oder indirekt vom Fischfang.

Die industrielle Fischerei entwickelte sich nach 1945 weiter - Fischmehlfabriken entstanden, wo ein Teil des Fangs zu Fischöl und Tierfutter verarbeitet wurde. Ab 1960 wurden größere Fischkutter aus Stahl und mit einer stärkeren Motorleistung hergestellt. 1970 gab es in der Stadt 600 Kutter, 2000 Fischer und etwa 6000 Esbjerger, die in der Fischindustrie und den angrenzenden Unternehmen beschäftigt waren. Als die Dorschbestände in der Nord- und Ostsee fielen, wurden Fangquoten eingeführt. Das Fischen von Hering wurde verboten, da der Bestand stark geschrumpft war. Abwrackprämien für Kutter und lukrative Jobs für Fischer in der boomenden Gas- und Ölindustrie vor der Küste Esbjergs taten ihr Übriges. Die Fischfangflotte verfiel zunehmend und reduzierte sich in den 1990er-Jahren auf 50 Schleppnetz- und 120 Industriekutter. Anfang des 21. Jh. lagen noch 40 Fischkutter im Hafen, heute sind es weniger als 10. Das einzig übriggebliebene Unternehmen innerhalb der Fischindustrie ist TripleNine Fish Protein, das Fischöl und Fischproteinprodukte herstellt. Die älteste Fischauktion Dänemarks, die am Hafen von Esbjerg beheimatet war, wurde 2002 geschlossen. Heute finden Auktionen nur noch für Touristen statt.

Statt Fischkutter sieht man im Hafenbecken nun die Versorgungsschiffe der Offshore-Ölindustrie und Öl- sowie Bohrplattformen, die zur Wartung im Hafen liegen. Helikopter fliegen mehrmals täglich vom Heliport des Flughafens Esbjerg zum Hafen und weiter zu den Produktionsanlagen der dänischen Gas-, Öl- und Windindustrie. Gigantische Schiffe bringen Windräder auf die offene See, wo sie vor Ort aufgebaut werden. An den Kais liegen gewaltige Schiffe zur Wartung. Höchstes Gebäude im Hafen ist der 250 Meter hohe Schornstein, den man schon von Weitem erkennt. Er ist Teil des Kohlekraftwerks von DONG Energy, das mit einer elektrischen Leistung von maximal 382 Megawatt weltweit zu den effektivsten Kohlekraftwerken zählt. Der Hafen ist mit seinen 4,5 Millionen Quadratmetern doppelt so groß wie Monaco.

Bereits Mitte der 1960er-Jahre fing Dänemark an, im dänischen Teil der Nordsee nach Gas und Öl zu suchen und so entwickelte sich Esbjerg zum Zentrum der Offshore-Industrie. Viele Fischer kamen nach dem Schwinden der Fangflotte in der Ölindustrie unter. Heute gibt es 16 Gas- und Ölfelder, auf denen 3500 Menschen arbeiten, im Energiesektor sind es fast 14.000. Über 200 Unternehmen der Offshore-Industrie, darunter Maersk Oil, Siemens und Vestas, haben sich während der letzten 50 Jahre in Esbjerg niedergelassen. Um die Jahrtausendwende wurden 17,7 Millionen Tonnen Öl und ca. 7 Milliarden Kubikmeter Gas gefördert - das Doppelte des gesamten Landesverbrauchs. Nach Norwegen und Schottland ist Dänemark heute der drittgrößte Gas- und Ölförderer Europas.

Seit 1987 treibt Dänemark die Nutzung der Windenergie voran, wobei sich der Hafen Esbjerg erst seit Anfang des 21. Jh. auf das Geschäft mit Windparks konzentriert. 2002 entstand mit ***Horns Rev 1*** *der erste* ***Offshore-Windpark*** *in der dänischen Nordsee. Er befindet sich auf der gleichnamigen Sandbank westlich von Esbjerg und war mit 80 Anlagen, die 110 Meter hoch aus dem Meer ragen, damals der größte Windpark Europas. Er produziert Strom für 150.000 dänische Haushalte. 2009 wurde Horns Rev 2, zehn Seemeilen nordwestlich von Horns Rev 1, mit 91 Windenergieanlagen in Betrieb genommen, die mit 800 GWh weitere 200.000 Haushalte mit Strom versorgen können. Dieser Windpark ist weltweit der erste mit einer Wohnplattform für Wartungsmannschaften. Horns Rev 3 ist in Planung und soll 2018 nordöstlich von Horns Rev 2 ans Netz gehen. Im Verhältnis zur Gesamtstromproduktion gilt Dänemark weltweit als das Land mit der größten Windenergiekapazität. Bis 2020 soll die Hälfte des Strombedarfs des Landes durch Windkraft gedeckt werden.*

Eine Ausstellung zum Offshore-Windpark Horns Rev befindet sich im Leuchtturm auf Blåvands Huk (Blåvandshuk Fyr 39), dessen Plattform einen Blick auf die weit draußen im Meer liegenden Windräder bietet. Die Ausstellung informiert nicht nur über die Windkraftanlagen sondern auch darüber, wie der Strom von dort an Land „transportiert" wird.

37 Ho Bucht und Langli ★★★ [A1]

Die Ho Bucht bildet das nördliche Ende des Wattenmeeres und liegt zwischen Hjerting im Osten, der Halbinsel Skallingen im Südwesten, Ho im Westen und dem kleinen Ort Oksbøl im Norden. Am südlichen Ende befindet sich Langli.

Bis zur **Burchardiflut 1634** (s. S. 30) war Langli Teil einer Halbinsel. Seeseitig bildete sich nach der verheerenden Flut zwischen Fanø und Blåvands Huk die Halbinsel Skallingen, die seither die **unbewohnte Marschinsel Langli** gegen das offene Meer abschirmt. Die Insel war ab 1548 besiedelt, wurde jedoch von ihren Einwohnern aufgrund heftiger Sturmflutschäden an Deichen, Gebäuden und landwirtschaftlichen Flächen 1913 verlassen.

Zu der kleinen Wattenmeerinsel gelangt man ab Ho bei Ebbe über den Ebbevejen, einen knapp vier Kilometer langen Wattweg. Langli steht **unter Naturschutz** und darf nur vom 16. Juli bis zum 15. September, außerhalb der Vogelbrutzeit, von Menschen betreten werden. Ab Ho werden Überfahrten mit einem Traktorbus angeboten. Auf der 2 Kilometer langen und 500 Meter breiten Insel befindet sich die höchste Ansammlung brütender Vögel im dänischen Wattenmeer, darunter **Brandsee- und Küstenseeschwalben, Austernfischer, Eider-, Spieß- und Stockenten** und **Säbelschnäbler.**

Die Dünen auf Langli bieten bei klarem Wetter einen fantastischen Blick auf die Ho Bucht, Hjerting, Esbjerg, Fanø und die unbewohnte Halbinsel Skallingen mit ihrem langen Sandstrand. Auf Skallingen legte die deutsche Wehrmacht 1944 über 70.000

Minen aus, die Dänemark erst zwischen 2006 und 2012 vollständig beseitigen ließ, was den Staat 100 Millionen Kronen kostete.

- **Traktorbus nach Langli:** Naturbussen, Tane Hedevej 55, Ho, Tel. 75279449, www.naturbusseniho.dk.
- **Geführte Touren:** Blåvand Naturcenter, Fyrvej 81, Blåvand, Tel. 75279402, www.naturparkvesterhavet.dk. Wer allein über den Wattweg wandern möchte, sollte unbedingt das Wetter und die Gezeitentabelle beachten. Der Weg ist bei Flut nicht passierbar.

Infos und Reisetipps

- **Esbjerg Turistbureau** <076> Skolegade 33, Torvet, Tel. 75125599, www.visitesbjerg.com, geöffnet: So.-Mi. 10-20, Do.-Sa. 10-18 Uhr

Essen und Trinken

- **Dronning Louise** €€ <077> Torvet 19, Esbjerg, Tel. 75131344, www.portlands.dk, geöffnet: Mo.-Do. 10-24, Fr. 10-4, Sa. 10-5, So. 10-23 Uhr. Das große Restaurant im Stil eines alten Kaffeehauses befindet sich in einem Gebäude aus dem Jahr 1890. Auf der Karte stehen dänische und internationale Gerichte, auch Vegetarisches und Kinderteller, täglich gibt es bis 16 Uhr Brunch. Freitags und samstags wird bis in die frühen Morgenstunden Livemusik gespielt.
- **Portlands Coffee & Wine Bar** €-€€ <078> Skolegade 48, Esbjerg, Tel. 79301800, www.dr-louise.dk, geöffnet: Mo.-Mi. 9-23, Do. 9-24, Fr./Sa. 9-2, So. 9-18 Uhr. Leckere Tapas und Snacks, Smoothies, Kaffee und Kuchen und eine große Auswahl an Wein. Tipp für Eltern: Im Bistro befindet sich ein Wickelraum mit Windeln und feuchten Tüchern.
- **Sydvesten** €-€€ <079> Fiskerihavnsgade 6, Esbjerg, Tel. 75128288, www.sydvesten.dk, geöffnet: Mo.-Fr. 7-16, Sa. 7-13 Uhr. In dem traditionellen Restaurant am Hafen werden dänische Fischgerichte und Smørrebrød serviert.

EXTRATIPP

Hafenrundfahrt

Im Sommer bietet die Fährgesellschaft FanøFærgen mit der M/S Sønderho eine Hafenrundfahrt mit Seehundsafari an. Auf der zweieinhalbstündigen Rundfahrt, die durch diverse Hafenbecken geht, gibt es allerhand zu sehen: den Schiffsfriedhof, die gigantischen Bohr- und Versorgungsplattformen, Trockendock und Kohlekraftwerk sowie natürlich auch die Skulptur „Der Mensch am Meer“.

Die Erklärungen per Lautsprecherdurchsage sind auf Dänisch und Deutsch. Ist das Wetter gut, fährt die M/S Sønderho zur Seehundsbank in der Ho Bucht. Es gibt allerdings keine Garantie dafür, dass sich dort gerade zu diesem Zeitpunkt auch Seehunde aufhalten. Danach macht das Schiff einen kurzen Halt auf Fanø. Wer dort im Ferienhaus logiert, kann hier die Rundfahrt beenden. Wer auf Rømø wohnt, kann trotzdem von Bord gehen, um die Insel zu besichtigen. Die spätere Rückfahrt mit der Fanø-Fähre ist im Preis inklusive. Nach Fanø geht es wieder in den Hafen von Esbjerg, wo die Hafenrundfahrt durch weitere Becken fortgesetzt wird, bevor das Schiff zurück zum Anleger fährt und die Passagiere entlässt.

- **M/S Sønderho von FanøFærgen,** Dokvej 5, Hafen Esbjerg (neben dem Fährterminal), Tel. 70231515, www.faergen.dk, Ticket: Erw. 130 dkr, Kinder bis 15 Jahre 70 dkr, Familienticket (2 Erw., 2 Kinder) 330 dkr

„Unter dem Sand"

Während der Besatzung Dänemarks hatte die deutsche Wehrmacht an der Nordseeküste schätzungsweise 2,2 Millionen Landminen vergraben, weil sie die Landung der Alliierten nicht in der Normandie, sondern hier befürchtete. Nach der Kapitulation Deutschlands im Mai 1945 setzte das britische Oberkommando 2000 deutsche Kriegsgefangene ein, um die Minen zu räumen. Bis Oktober 1945 waren bereits 1,4 Millionen Minen entschärft, aber erst 2012 wurde die Küste offiziell für minenfrei erklärt.

Der dänische Regisseur und Drehbuchautor Martin Zandvliet machte aus dieser Begebenheit den Film „Under Sandet", der unter dem Titel „Unter dem Sand – Das Versprechen der Freiheit" 2016 in die deutschen Kinos kam, 2017 in der Kategorie „Bester fremdsprachiger Film" für einen Oscar nominiert und auf 16 Filmfestivals ausgezeichnet wurde. Gedreht wurde in der Gegend um Blåvand. Der Regisseur erklärt zu seinem Film: „Es ist eine Geschichte von jungen Deutschen, die an den Folgen des Krieges leiden und zum Teil auch sterben. Verantwortlich für diesen Krieg waren natürlich nicht sie, es war Nazi-Deutschland. Aber ihr Schicksal ist es, dass sie aus dem Kriegstreiber-Land stammen, und so müssen sie die Konsequenzen tragen, werden zu Opfern. Der Film untersucht in gewisser Weise natürlich auch die dänische Schuld an jenem Kapitel Nachkriegsgeschichte. Ein Kapitel, das bei uns in Dänemark noch nie wirklich an die Öffentlichkeit gekommen ist, dafür belastet es vermutlich viel zu sehr das historische Gewissen."

38 Blåvands Huk ★ [IV]

Die Landzunge, die im Kern aus einem Moränenrücken aus der Saale-Eiszeit besteht, liegt am westlichen Punkt Jütlands. Markiert wird sie vom 39 Meter hohen Blåvandshuk Fyr, dem westlichsten Leuchtturm Dänemarks.

39 Blåvandshuk Fyr ★★★ [IV]

Der 1900 erbaute viereckige Turm hat eine Feuerhöhe von 55 Metern. Sein elektrisches Leuchtfeuer arbeitet automatisch und warnt die Schifffahrt vor dem **Horns Rev**, einer der gefährlichsten Sandbänke der Nordsee, die sich vor Blåvands Huk 40 Kilometer lang ins Meer reckt. Der dänische Schriftsteller und Nobelpreisträger Henrik Pontoppidan (1857–1943) schrieb darüber: „Wie bekannt gibt es wenige Punkte in der Welt, wo alljährlich so viele Schiffe – Dampfer sowie Segelschiffe – zu Grunde gehen, wie an der jütischen Westküste." Von 1914 bis 1984 lag ein Feuerschiff am Horns Rev, das die Umfahrung des Riffs und die Einfahrt nach Esbjerg sicherte. Das Schiff 31 kann heute im Hafen von Esbjerg besichtigt werden.

Blåvandshuk Fyr steht Besuchern ganzjährig offen. Zur Aussichtsplattform des Leuchtturms führen 170 Stufen. Das ehemalige Leuchtturmwärterhaus daneben beherbergt eine Touristeninformation und eine **Ausstellung zum Offshore-Windpark Horns Rev** (s. S. 96).

› Fyrvej 106, Blåvand, Tel. 75275411, www.visitwestdenmark.dk, geöffnet: April–Nov. tägl. 10–17 Uhr, Dez./Jan. Do.–So. 10–15 Uhr, Feb./März tägl. 10–15 Uhr, Eintritt: Erw. 30 dkr, Kinder 20 dkr. Der Zugang zum Leuchtturm ist witterungsabhängig.

40 Bunker-Maultiere ★★ [IV]

Anlässlich des 50. Jahrestages der Befreiung Dänemarks entstanden im Jahr 2005 im Rahmen eines Friedenskunstprojekts entlang der dänischen Nordseeküste 57 Kunstwerke von 22 internationalen Künstlern. Dazu verwandelte der Brite **Bill Woodrow** am Strand von Blåvand vier Wehrmachtsbunker des Atlantikwalls in **Maulesel-Skulpturen**, indem er stählerne Maultierköpfe und Schwänze auf die halb im Sand versunkenen Bunker montierte. Sein Werk „Bunker/Mule" ist heute Wahrzeichen des Strandes.

41 Blåvand Zoo ★★ [IV]

Der Zoo beherbergt 400 Tiere, darunter weiße Löwen, Affen, rote Riesenkängurus, Zebras und einen Streichelzoo mit Kälbern, Ponys und Ziegen.

Täglich finden Fütterungen, eine Schlangenshow und Ponyreiten statt. Im Zoo befindet sich ein Kinderspielplatz, zu dem die Kleinen im Bollerwagen transportiert werden können.

› Øster Hedevej 1, Tel. 75279177, www.blaavandzoo.dk, geöffnet: März–Okt. 10–18 Uhr, Nov.–Feb. 10–16 Uhr, Eintritt: Erw. 120 dkr, Kinder 3–11 J. 60 dkr, Kinder unter 3 J. frei

42 Tirpitz-Museum ★★ [IV]

Inmitten der Dünenlandschaft befindet sich die Bunkeranlage der Tirpitz-Stellungen, deren Südbunker viele Jahre ein Museum zur Geschichte des Atlantikwalls beherbergte. Es wurde ab 2014 umgebaut und durch ein modernes **Erlebnis- und Museumscenter** aus Beton, Stahl und viel Glas ergänzt, sodass es sich in alle Himmelsrichtungen öffnet und den Blick auf die umliegende Landschaft freigibt.

Die vier großen, lichtdurchfluteten Ausstellungsräume widmen sich u.a. den Themen Bernstein und Schmugglerei sowie der Geschichte der Region von der Eiszeit bis heute. Die Eröffnung fand am 30. Juni 2017 statt. Die erste Ausstellung thematisiert die Minenräumung nach dem Zweiten Weltkrieg.

› Tirpitzvej 1 (Tane Hedvej), Tel. 75278427, www.vardemuseerne.dk/museum/Tirpitz, geöffnet: tägl. 10–17 Uhr, 1. Juli–15. Aug. 9–19 Uhr, Eintritt: Erw. 125 dkr, Kinder unter 18 J. frei

43 Ribe ★★★ [IV]

Dänemarks älteste Stadt, deren Ursprünge auf das Jahr 710 datiert werden, war während der **Wikingerzeit** die wichtigste **Handels- und Hafenstadt** des Landes, um 860 Standort der ersten christlichen Kirche im Norden und ab 948 **Bischofssitz.**

Im frühen 12. Jahrhundert ließ König Niels mit **Burg Riberhus** eine königliche Residenz errichten, in der die Dänenkönige bis ins 16. Jahrhundert residierten. Die Burg wurde während des Dreißigjährigen Krieges zerstört. 1580 verwüstete ein Feuer die Stadt und 1634 brach eine Flutkatastrophe über Ribe herein. Der König residierte nun dauerhaft in Kopenhagen, die Stadt verarmte und verlor an Bedeutung.

Einst die größte und reichste Stadt Dänemarks, zieht Ribe heute als die **am besten erhaltene mittelalterliche Stadt Dänemarks** Besucher aus aller Welt an. In den engen, kopfsteingepflasterten Gassen voller Fachwerk-

Karte III: Ribe

Essen und Trinken

1 Mama Mia Pizza og Steakhouse
4 Café Quedens Gaard
5 Restaurant Weis Stue
7 Ribe Bryghus

064rf-cl

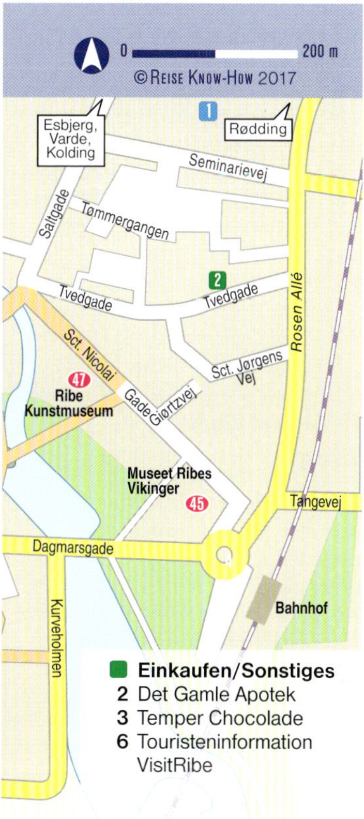

Einkaufen/Sonstiges
2 Det Gamle Apotek
3 Temper Chocolade
6 Touristeninformation VisitRibe

häuser mit schön verzierten Fassaden, an denen Rosensträucher mit üppigen Blüten ranken, alten Kaufmannshäusern und idyllischen Innenhöfen spürt man den Flügelschlag von 1300 Jahren Geschichte.

Ribe hat viele Straßencafés und Restaurants zu bieten

44 Dom zu Ribe ★★ [III]

Die beiden **ungleichen Türme** des imposanten Kirchenbaus sieht man schon aus der Ferne. Der Dom, das Ergebnis einer über 800-jährigen Baugeschichte, entstand zunächst zwischen 1150 und 1250 als dreischiffige Basilika mit Westtürmen und Querhaus. 1283 brach einer der Türme ein und wurde erst 1333 durch den heutigen aus Backstein ersetzt. Der 52 Meter hohe Turm galt als Stadt-, nicht als Kirchturm, wurde entsprechend **Bürgerturm** genannt und ist seitdem Ribes Wahrzeichen. Seine **Aussichtsplattform** bietet einen herrlichen Blick über die Dächer der Stadt und die Marsch.

Im 14. und 15. Jh. entstanden Kapellenanbauten an den Seitenschiffen, die später zu zwei äußeren Seitenschiffen zusammengebaut wurden und den Dom zur **fünfschiffigen Basilika** machten. Der Kirchenbau, der im 17. und 18. Jh. zunehmend verfiel, wurde in den Jahren 1882 bis 1904 umfassend restauriert. Letzte Neuerung war von 1982 bis 1987 die Chorausgestaltung mit modernen Fresken, Mosaiken und Buntglasfenstern des Kopenhagener COBRA-Malers Carl-Henning Pedersen. Täglich um 12 und 15 Uhr spielt ein Glockenspiel die **Volksweise „Königin Dagmar"**.

Die böhmische Prinzessin heiratete 1205 den Dänenkönig Waldemar II. und lebte auf Burg Riberhus, an die heute nur noch die Wassergräben, Wälle und wenige Mauerreste erinnern. Die Königin war aufgrund ihrer Anmut und barmherzigen Taten beim Volk sehr beliebt. So hatte sie sich zur Hochzeit von ihrem Mann keine Reichtümer gewünscht, sondern bat stattdessen um die Freilassung aller

Der imposante Dom zu Ribe hat zwei ungleiche Türme

Gefangenen aus Waldemars Gefängnissen und um eine niedrigere Steuerlast für die Bauern.

Das Volk weinte um Dagmar, als sie 1212 mit erst 26 Jahren im Kindbett starb. Sie wurde in der St.-Bendtskirche in Ringsted auf Seeland begraben. Eine Skulptur auf dem Schlosshügel in Ribe erinnert seit 1914 an sie.

› Torvet, Tel. 75420619, www.ribe-domkirke.dk, geöffnet: Mai–Sept. tägl. 10–17 Uhr, April/Okt. tägl. 11–16 Uhr, Nov.–März tägl. 11–15 Uhr

45 Museet Ribes Vikinger ★★★ [III]

Das Museum informiert über die Geschichte der Stadt während der Wikingerzeit und im Mittelalter. Es gibt eine Ausstellung zu den christlichen Wikingern, die in Ribe lebten, 100 Jahre bevor König Harald Blauzahn die Dänen offiziell christianisierte.

EXTRATIPP

Mit dem Nachtwächter unterwegs

Von Mai bis Oktober macht Ribes Nachtwächter seine Runde durch die alten Gassen, singt seine Lieder und erzählt dramatische Geschichten von Bränden, Hexen und Sturmfluten. Nachtwächter gab es in Dänemark ab dem 14. Jh., aber erst zwei Jahrhunderte später wurden sie von der jeweiligen Stadt für ihre Dienste entlohnt und erhielten ungefähr ab 1750 sogar eine mietfreie Wohnung. Sie drehten ihre Runden von Sonnenuntergang bis Sonnenaufgang. Zur Schlafenszeit um zehn sangen sie den Vers: „Wollt wissen Ihr die Zeit, Herrn, Mädchen und auch Knaben? Es ist wohl nun so weit, an Nachtruh' sich zu laben. Vertraut auf Gott in Zuversicht, löscht 's Feuer aus und auch das Licht, die Uhr hat zehn geschlagen". Ausgerüstet waren die Nachtwächter mit einem Morgenstern, einem Holzstab, an dessen Ende ein Kopf mit scharfen Eisendornen sitzt, die ihm ein sternenförmiges Aussehen verleihen. Der Stab diente zur Abschreckung. Die Nachtwächter schützten nicht nur die Bürger in dunklen Straßen von Überfällen, sie mussten auch Ausschau nach Feuersbrünsten und Sturmfluten halten. Als im 19. Jh. in Ribe Straßenbeleuchtungen eingeführt wurden, machten sie nur noch Rundgänge durch bestimmte Straßen. Der letzte Nachtwächter von Ribe wurde 1902 entlassen.

› Der Rundgang beginnt um 20 Uhr vor dem Restaurant Weis Stue (s. S. 106) am Torvet, ist kostenlos und findet in dänischer und englischer Sprache statt. Infos gibt es bei VisitRibe (s. S. 106).

In der Aktivitätsausstellung „Dagmar und Waldemar“ können Kinder „Mittelalter spielen“ und in den Erlebnishallen werden Besucher unter anderem in die Zeit um 800 zurückversetzt.

› Odins Plads 1, Tel. 76163960, www.ribesvikinger.dk, geöffnet: April–Juni tägl. 10–16 Uhr, Juli/Aug. tägl. 10–18, Mi. bis 21 Uhr, Sept./Okt. tägl. 10–16 Uhr, Nov.–März Di.–So. 10–16 Uhr, Eintritt: Erw. 75 dkr, Kinder bis 17 J. frei

46 Ribe Vikinge Center ★★★ [III]

Die Wikingerzeit (8.–11. Jh.) ist bei Besuchern an Popularität unübertroffen. In dem großen **Freilichtmuseum** südlich des Stadtzentrums tauchen Besucher in die Welt der Riber Wikinger ein und erfahren auf anschauliche Weise, wie diese im 8. bis 10. Jh. lebten und arbeiteten. Das Areal beherbergt zahlreiche **Gebäude** und **Gehöfte,** die alle anhand von archäologischen Funden aus der Wikingerzeit **rekonstruiert wurden.** Kinder und Erwachsene können an Bord eines Wikingerschiffes gehen, in der Erlebnishalle das Treiben auf einem Marktplatz aus dem 8. Jh. erleben, sich Filme über die Nordmänner anschauen, an Führungen durch die Ausstellungen teilnehmen, in der Falknerei Falken bestaunen, sich als Ritter, Prinzessin, Mönch oder Gaukler verkleiden und vieles mehr.

Jährlich findet Ende April/Anfang Mai der einwöchige internationale **Wikingermarkt** statt (das genaue Datum wird auf www.ribevikingecenter.dk bekannt gegeben), an dem Hunderte von „Wikingern“ aus ganz Europa als Handwerker, Bogenschützen, Krieger, Reiter, Gaukler und Musiker teilnehmen.

EXTRAINFO

Die ersten christlichen Wikinger

Bereits 100 Jahre vor der offiziellen Christianisierung der dänischen Wikinger durch König Harald I. „Blauzahn“ gab es in Ribe Christen. Der Missionar Ansgar von Bremen errichtete hier im Jahr 860 die erste Kirche in Dänemark. Man nimmt an, dass sie dort stand, wo sich heute der Dom befindet. Bei Ausgrabungen rund um den Dom fanden Archäologen zwischen 2008 und 2012 ein gut erhaltenes christliches Gräberfeld aus der Wikingerzeit, das sie auf das 9. Jh. datierten. Im Dezember 2015 wurde am Dom eine Ansgar-Statue des Künstlers Hein Heissen aufgestellt, die den Konflikt zwischen Christentum und dem heidnischen Glauben der Wikinger symbolisiert.

› Lustrupvej 4, Ribe (Lustrupholm), Tel. 75411611, www.ribevikingecenter.dk, geöffnet: 2. Mai–24. Juni Mo.–Fr. 10–15.30 Uhr, 25. Juni–26. Aug. tägl. 11–17 Uhr, 29. Aug.–21. Okt. tägl. 10–15.30 Uhr, Eintritt: Erw. 100 dkr, Kinder 3–13 J. 50 dkr, Saisonkarte für mehrmaligen Eintritt 180 dkr, Kinder 90 dkr

47 Ribe Kunstmuseum ★★★ [III]

Die Sammlung in dem kleinen, aber feinen Kunstmuseum umfasst **Werke aus zwei Jahrhunderten,** darunter Gemälde von den Malern des Goldenen Zeitalters Dänemarks, den Skagen-Malern und klassischen Modernisten. Das 1891 eröffnete Museum befindet sich in einer **schlossähnlichen Villa,** die der Baumwollfabrikant Balthazar Giørtz 1864 in seinem romantischen englischen Garten auf dem höchsten Punkt von Ribe Forstad errichten ließ. Im **Garten** des Muse-

Jacob August Riis

Das Haus in Ribes Skolegade 18 wurde 1724 als Wohnraum für die Lehrer der alten Lateinschule gebaut. 1849 wurde hier der spätere Journalist und Fotograf Jacob A. Riis als Sohn eines Lehrers geboren. Als 16-Jähriger verliebte er sich in Elisabeth, die Adoptivtochter des reichen Balthasar Giørtz, dem für das Mädchen jedoch eine bessere Partie vorschwebte.

Riis ging nach Kopenhagen und emigrierte 1870 in die USA, wo er nach mehreren Gelegenheitsjobs 1873 zunächst bei der Zeitung South Brooklyn News und später bei der New York Tribune als Polizeireporter arbeitete. Als ihm Elisabeth schrieb, dass ihr Verlobter gestorben war, reiste er umgehend nach Dänemark. Die beiden heirateten 1876 in Ribe und reisten gemeinsam nach New York zurück.

Ab 1888 arbeitete Riis für die New York Evening Sun und schrieb Reportagen über die East-Side-Slums, die er in den frühen Morgenstunden auf der Suche nach authentischen Eindrücken durchstreifte, die er mit der Kamera festhielt. Um auf soziale Missstände aufmerksam zu machen, arbeitete er unter falschem Namen in einer Fleischfabrik, was ihn zu einem der ersten Vertreter des verdeckten investigativen Journalismus machte. 1890 veröffentlichte er sein erstes Buch „How the Other Half Lives" („Wie die andere Hälfte lebt"), zwei Jahre später folgte „Children of the Poor" („Die Kinder der Armen"), das als Anstoß für schulische Reformen gilt.

Im Rahmen seiner sozialdokumentarischen Reportagen freundete sich Riis mit dem späteren U.S.-Präsidenten Theodore Roosevelt an, der sich als Abgeordneter massiv für Reformen einsetzte und ab 1895 Polizeipräsident von New York war. Als Jacob Riis 1914 starb, nannte ihn Roosevelt „den besten Amerikaner, den ich je gekannt habe, obwohl er bereits ein junger Mann war, als er aus Dänemark hierher kam."

066rf-cl

Büste von Jacob August Riis in der Badstuegade in Ribe

ums stehen Skulpturen dänischer Künstler sowie ein achteckiger Pavillon. Das Betreten des Gartens ist kostenlos.

Ribe Forstad (Vorstadt) ist das Gebiet um die Sct. Peters Gade, Saltgade, Sct. Nicolaj Gade und Tvedgade, in dem es schon im 8. Jh. Siedlungen gab. Um 710 befand sich hier ein Handelsplatz, der ab dem 9. Jh. einer der wichtigsten der dänischen Wikinger war.

› Sct. Nicolaj Gade 10, Ribe, Tel. 75420362, www.ribekunstmuseum.dk, geöffnet: Sept.-Juni Di.-So. 11-16 Uhr, Juli/Aug. tägl. 11-17 Uhr, Eintritt: 75 dkr, unter 18 J. frei

48 Sct. Catharinæ Kirke und Kloster ★★ [IV]

Kirche und Kloster wurden 1228 als Bettelmönchkloster von den **Dominikanern** errichtet. Sortebrødre („Schwarze Brüder") nannten die Dänen die schwarz bemäntelten Mönche, die ein Leben in Armut führten, ihren Lebensunterhalt erbettelten und das Evangelium verbreiteten.

Nach der Reformation 1536 wurden die Sct. Catharinæ Kirke zur **Gemeindekirche** und das Kloster in ein **Hospital für Arme, Kranke und Verwundete** umgewandelt. Der prächtige rote Backsteinkomplex ist neben dem Dom als einziger der 14 mittelalterlichen Sakralbauten in der Stadt übrig geblieben. Die heutige Kirche stammt aus dem 15. Jh. und ist bereits die dritte an dieser Stelle – ihre Vorgängerinnen waren auf sumpfigem Untergrund gebaut worden, sanken ein und mussten abgerissen werden. Auch das aktuelle Gotteshaus drohte einzusinken, wurde aber mit einer aufwendigen Rettungsaktion zwischen 1918 und 1932 davor bewahrt.

Durch die Kirche erreicht man den idyllischen **Klosterhof** mit dem alten Kreuzgang. Auf dem Sct. Catharinæ Plads steht ein **Springbrunnen** mit einer Bronze der Schutzheiligen des Klosters, Katharina von Alexandrien, die 307 aufgrund ihres christlichen Glaubens den Märtyrertod starb. Der Legende nach wurde sie 12 Tage lang gegeißelt und als sie sich danach immer noch weigerte, von ihrem Glauben abzukehren, wurde sie auf vier Räder gespannt, die sie zerreißen sollten. Auf ihr Gebet hin kam jedoch ein Engel, der das Folterinstrument mit so einer Wucht zerstörte, dass 4000 Heiden getötet wurden. Daraufhin wurde sie enthauptet, aber statt Blut floss aus ihren Wunden Milch. Engel brachten die tote Märtyrerin zum Berg Sinai, wo ihr zu Ehren im 6. Jh. das Katharinenkloster an der Stelle gebaut wurde, wo man ihre Reliquien gefunden hatte. Die Existenz von Katharina ist allerdings historisch nicht belegt.

› Sct. Catharinæ Plads, Tel. 75420534, www.sct-catharinae.dk, geöffnet: Di.-So. 10-16 Uhr, Eintritt: Kirche frei, Klosterhof Erw. 5 dkr, Kinder unter 18 J. frei. Das Kloster selbst ist nicht zugänglich, da das Gebäude als Wohnraum für alte, alleinstehende Menschen genutzt wird.

49 Wattenmeerzentrum ★ [IV]

Im dem im Februar 2017 neu eröffneten **Erlebniszentrum** tritt der Besucher eine Reise durch das UNESCO-Weltnaturerbe Wattenmeer an und erfährt viel Wissenswertes zu **Flora und Fauna.** Man folgt dabei symbolisch dem Weg der Zugvögel, die einen durch die faszinierende Landschaft und hinein in ihre Welt nehmen. Die Ausstellung setzt dabei auf neueste digitale Installationen.

Karte III

› Okholmvej 5, Tel. 75446161, www.vadehavscentret.dk, geöffnet: Mai–Sept. tägl. 10–17 Uhr, Okt.–April 10–16 Uhr, Eintritt: Erw. 100 dkr, Kinder 50 dkr

Infos und Reisetipps

- **Touristeninformation VisitRibe** <080> Torvet 3, Tel. 75421500, www.visitribe.com, geöffnet: Selbstbedienung tägl. 9–22 Uhr, mit persönlicher Beratung 2. Juli–27. Aug. Mo.–Fr. 9–18, Sa. 10–16, So. 10–15 Uhr, 28. Aug.–1. Juli Mo.–Fr. 9–16, Sa. 10–13 Uhr

Essen und Trinken

- **Café Quedens Gaard** €-€€ <081> Overdammen 10, Ribe, Tel. 75411050, www.quedensgaard.dk, geöffnet: Mo.–Mi. u. So. 10–18, Do./Fr. 10–21, Sa. 9.30–21 Uhr. Brunch, Burger, Nachos und den besten Cappuccino der Stadt – auch mit Sojamilch für Veganer und Allergiker –, außerdem eine Auswahl an Bier und Wein. Das gemütliche Café befindet sich in einem Haus aus dem 18. Jh. mitten in der Fußgängerzone. Außenbestuhlung im Sommer in der Fußgängerzone und im Rosengarten im Hof.
- **Mama Mia Pizza og Steakhouse** €-€€ <082> Seminarievej 1 a, Ribe, Tel. 75411767, geöffnet: Mo.–Do. 11–21.30, Fr./Sa. 11–22, So. 12–21.30 Uhr.www.mamamia-ribe.dk. Pizza, Fladenbrot, Burger, Pommes, Steaks, Salate – auf der Speisekarte wird jeder fündig.
- **Restaurant Weis Stue** €-€€ <083> Torvet 2, Ribe, Tel. 75420700, www.weisstue.dk, geöffnet: tägl. 11.30–22 Uhr. In dem urigen Restaurant befindet sich noch immer das ursprüngliche Interieur aus dem Jahr 1704. Auf der Speisekarte stehen klassische dänische Gerichte. Im Sommer mit Außenbestuhlung.
- **Ribe Bryghus** €-€€ <084> Skolegade 4 b, Ribe, Tel. 40431712, www.ribebryghus.dk, geöffnet: nur Sa. 10–14 Uhr. In der 2006 gegründeten Mikrobrauerei im historischen Zentrum wird das Bier nach alter englischer Ale-Tradition gebraut. Besucher (Gruppen ab 8 Personen, 100 dkr/Person) dürfen den Brauprozess mitverfolgen und die drei Brauer ausfragen.

Einkaufen

› **Dansk Outlet** <085> Industrivej 18, Ribe, Tel. 26700466, www.danskoutlet.dk/ribe, geöffnet: Mo.–Fr. 10–17.30, Sa. 10–15, 1. So. im Monat 10–15 Uhr. Im größten Outletcenter in Nordschleswig findet man auf über 1000 m² preiswerte Damen-, Herren- und Kindermode – von Anzügen über Hemden bis hin zu Kleidern, Handtaschen und Accessoires.

- **Det Gamle Apotek** <086> Tvedgade 21, Ribe, Tel. 76881300, geöffnet: Mo.–Fr. 10–17.30 Uhr, Sa. 10–16 Uhr. Geschenkartikel für jeden Anlass, Badezimmerartikel, Küchenutensilien, Einrichtungsgegenstände, Kunsthandwerk, Kleidung, Delikatessen – hier findet man alles, was das Herz begehrt. Der Laden in einer ehemaligen Apotheke verteilt sich auf mehrere Räume, die zum Herumstöbern einladen.
- **Temper Chokolade** <087> Nederdammen 32, Ribe, Tel. 42305658, www.temperchokolade.com, geöffnet: Di.–Fr. 11–17.30, Sa. 10–15 Uhr. Handgemachte Köstlichkeiten aus Schokolade, die mit regionalen Zutaten vor Ort hergestellt werden.

› *Mit dem Traktorbus nach Mandø*

50 Mandø ★★ [IV]

Die **kleinste bewohnte dänische Wattenmeerinsel,** die nicht einmal 8 Quadratkilometer misst und etwa 40 Einwohner hat, ist Ziel weniger Individualisten und Naturliebhaber. Da sie bei Flut vom Festland abgeschnitten ist, bleibt sie vom Tourismus weitgehend unbehelligt. Das Inseldorf wurde 1634 von einer verheerenden Sturmflut zerstört, was die Bewohner veranlasste, in die höher gelegenen Dünen zu ziehen und einen neuen Ort zu errichten. Dort entstand 1639 die kleine **Inselkirche,** die mit vier Schiffsmodellen geschmückt ist. Im Hotel **Mandø Klithus** befindet sich eine Ausstellung mit Informationen zu Wattenmeer, Deichbau, Sturmfluten, Geschichte und Vogelwelt der Insel (Eintritt frei). Sehenswert sind auch die alte **Mühle** aus dem Jahr 1860, das höchste Gebäude der Insel (Besichtigung nur von außen), und das **Mandøhuset,** ein Kapitänshaus aus dem frühen 19. Jh., das mit guter Stube, Küche, Werkstatt und Marinezimmer einen Einblick in das Alltagsleben vergangener Zeiten bietet. Ungewöhnlichstes Ausstellungsstück ist die Uniform eines britischen Piloten, der im Zweiten Weltkrieg mit seinem Kampfbomber über der Nordsee abgeschossen wurde, mit seinem Fallschirm absprang und vor Mandø im Watt landete. Die Insulaner versteckten ihn und halfen ihm bei der Flucht nach Schweden (Eintritt 25 dkr, Kinder 10 dkr. Die Öffungszeiten decken sich mit den Ankunfts- und Abfahrtszeiten der Traktorbusse).

Die **Sturmflutsäule** an der Seeseite der Düne zeigt den Wasserstand der Sturmflut von 1634. Zwei Deiche, die 1887 und in den 1930er-Jahren errichtet wurden, schützen die Insel vor Überflutungen. Zum letzten Mal wurde Mandø 1981 überspült.

Auf der Insel gibt es das Lebensmittelgeschäft Mandø Brugs und ein Gasthaus, den Mandø Kro, der auch Gästezimmer vermietet.

Da man für den Besuch der Sehenswürdigkeiten weniger als eine Stunde braucht, kann man noch eine **Rad- oder Wandertour** unternehmen. Fahrräder kann man bei Mandø Brugs leihen. Es gibt Radtouren von 10 km, 9 km und 7,5 km sowie Wanderrouten von 6,2 km, 4,6 km und 2 km (Wanderkarte auf (www.visitribe.de/de/sudjutland/aktivitaten/mandoe-mit-dem-fahrrad-entdecken). Bis zur Rückfahrt des Busses bleibt dann noch Zeit für ein kleines Essen im Kro. Wer erst am nächsten Tag zurückfahren möchte, kann auf der Insel übernachten.

Anreise

Die doppelstöckigen Traktorbusse fahren vom Wattenmeerzentrum 49 in Vester Vedsted, 10 km südwestlich von Ribe, ab. Die Zufahrt zu der winzigen **Gezeiteninsel zwischen Rømø und Fanø** kontrolliert das Meer, das den schotterigen Låningsvej durch das Wattenmeer nur bei Ebbe frei-

067rf-cl

gibt. Die Fahrt mit den blau-roten Mandøbussen, die von einem Traktor durchs Watt gezogen werden, dauert circa 35 bis 45 Minuten – die genaue Dauer hängt vom Hochwasserstand ab. Die Busse haben eine Hebebühne, sodass auch Rollstuhlfahrer gut ein- und aussteigen können. Die Busse verkehren von März bis November, den jeweils aktuellen Fahrplan gibt es auf www.mandoebussen.dk. Die Tickets müssen vorab telefonisch (Tel. 75445107) bzw. online oder per E-Mail (info@mandoebussen.dk) reserviert werden. Die Busse fahren nach einem Aufenthalt von dreieinhalb bis vier Stunden (je nach Wasserstand) wieder aufs Festland zurück.

Essen und Trinken

› **Mandø Kro** € <088> Mandø Byvej 26, Tel. 61665675, www.mandoekro.dk, geöffnet: Mai–Okt. tägl. 11-16, Fr./Sa. auch 18–22 Uhr. Mittags- und Abendmenü à la carte, in der Hochsaison großes Büfett mit hausgemachten Spezialitäten.

51 Skærbæk ★ [IV]

Das kleine Städtchen mit 3000 Einwohnern, das als Tor zum Wattenmeer gilt, gehörte von 1864 bis 1920 zu Deutschland und hieß damals **Scherrebek.** 1896 gründete der Ortsgeistliche Johannes Jacobsen (s. S. 36), der zwei Jahre später das Nordseebad Lakolk schuf, hier eine Kunstwebschule, die primär dazu dienen sollte, Däninnen unter deutscher Leitung neben dem Weben von Wandteppichen auch die deutsche Sprache beizubringen. Die Webschule ging nach internen Streitigkeiten nach weniger als zehn Jahren in Konkurs. In der **Kirche** zu Skærbæk aus dem 13. Jh. hängt im nördlichen Kreuzarm noch ein dort gewebter Altartischvorhang.

Der **Einkaufsort Rømøs** mit zahlreichen Geschäften, drei Supermärkten und einem Freizeitzentrum mit Hallenbad befindet sich am anderen Ende des Rømø-Damms. Mit seinem Bahnhof, der 1887 eingeweiht wurde, ist Skærbæk ein Verkehrsknotenpunkt. Es gibt direkte Züge nach Esbjerg 29, Tønder 57 und Ribe 43 sowie Umsteigeverbindungen in alle anderen Städte Dänemarks.

› **Skærbæk Kursus- og Fritidscenter** <089> Storegade 46, Skærbæk, Tel. 74751970, www.kursus-fritidscenter.dk (unter „Aktivitäten"/„Schwimmhalle"), geöffnet: im Sommer in der Regel Mo.–Fr. 10–13, 14–17 u. 19–21 Uhr, Sa. 10–17 u. 19–21, So. 10–17 Uhr, sonst variable Öffnungszeiten (Details s. Website). Eintritt: Schwimmhalle inkl. Sauna, Whirlpool und Dampfkabine Erw. 7,20 €, Kinder 3–15 J. 3,60 €, Babys 0–2 J. 1,40 €. In dem Freizeitzentrum für die ganze Familie gibt es einen Wasserpark mit Wasserrutsche, Kinder- und Warmwasserschwimmbecken, acht Bowlingbahnen, Sport- und Fitnessmöglichkeiten etc.

52 Hjemsted Oldtidspark ★★ [IV]

In dem **archäologischen Erlebnispark** westlich von Skærbæk erfahren Besucher, wie das Leben der Eisenzeit war. In den 1970er-Jahren wurden hier die Überreste eines eisenzeitlichen Dorfes ausgegraben. Die Fundstücke werden in einem **unter-**

Die Kirche von Ballum 54 ist weiß gekalkt, nur der Turm ist aus rotem Ziegelstein irdischen **Museumsbau** ausgestellt. Dahinter befindet sich ein **Freilichtgelände** mit Rekonstruktionen von Eisenzeithöfen und römischen Kriegsmaschinen, außerdem Werkstätten, in denen Besucher unter anderem ihren eigenen Zinnschmuck gießen oder ihr eigenes Holzschild bemalen können, eine Bogenschießbahn, Stammboote und archäologische Sandkästen, in denen Kinder nach Tonscherben und Tierknochen graben können.

› Hjemstedvej 60, Tel. 74750800, www.hjemsted.dk/de, geöffnet: Mitte Mai–Juli Di.–So. 10.30–16.30 Uhr, Juli–Ende Aug. tägl. 10–17 (Do. bis 21.30), Ende Aug.–Ende Sept. Di.–So. 10.30–16.30, Ende Sept.–Ende Okt. Di.–Sa. 10.30–16 Uhr, Eintritt: in der Hochsaison Erw. 95 dkr, Kinder 3–13 J. 55 dkr, außerhalb der Hochsaison Erw. 65 dkr, Kinder 3–13 J. 45 dkr. Hunde dürfen kostenfrei mit, müssen aber an der Leine geführt werden.

53 Ballum ★★ [IV]

Hingucker in der kleinen Kirchspielgemeinde mit sieben Ortsteilen nordwestlich von Tønder sind die zahlreichen alten **Reethäuser** und die schmucken **Vierseithöfe**, bei denen die landwirtschaftlichen Höfe von allen vier Seiten von Gebäuden umschlossen sind. Die meisten von ihnen stammen aus dem 17. Jh.

Die Gemeinde, die 52 km² Landfläche umfasst und an der Küste gegenüber von Rømø liegt, ist sehr dünn besiedelt und hat weniger als 500 Einwohner, von denen 300 im Ort selbst leben. Der Großteil der Landschaft besteht aus einem kleinen Geestrücken, das restliche Gebiet ist sehr flach und setzt sich zum Teil aus Marschland zusammen.

Während des Ersten Weltkriegs wurden zum Schutz gegen Sturmfluten der **Ballum-Astrup-Deich** und die **Ballum Sluse** gebaut, von der aus es

bis zur Einweihung des Rømø-Damms eine Fährverbindung nach Rømø gab. Heute ist die Schleuse mit dem alten Schleusenhaus ein sehenswertes technisches Denkmal.

Unmittelbar hinter dem Deich befindet sich das Gebiet **Ballum Enge,** wo man Gänse, Kiebitze, Schwäne und andere Vogelarten beobachten kann, darunter auch die seltene Wiesenweihe, die im Gebiet von Ballum brütet. Im Spätsommer erlebt man hier das phänomenale Schauspiel der „Schwarzen Sonne“ (Sort Sol, s. S. 25).

54 Ballum Kirke ★★ [IV]

Die weiß gekalkte **Kirche aus Tuff- und Ziegelstein** mit bleigedecktem Dach und einem Turm aus rotem Ziegelstein ist ungewöhnlich groß. Apsis, Altarraum und Kirchenschiff stammen aus der Romanik, Turm und Sakristei aus der Spätgotik und das Waffenhaus an der Nordseite, das heute als Kapelle benutzt wird, aus der Renaissance. Das Waffenhaus war ursprünglich der Raum der Kirche, in dem in früheren Zeiten die Männer ihre Waffen ablegten, bevor sie sich zum Gottesdienst begaben. Beeindruckend sind die **Kalkmalereien** mit den Aposteln in der Apsis, die wunderschöne **Kanzel** aus dem Jahr 1600 und der mit Reliefs geschmückte **romanische Taufstein.**

› Vesterende 31, Tel. 74716234, www.ballumkirke.dk, geöffnet: Mo.–Fr. 10–17, So. 12–17 Uhr

▷ *Das Løgumkloster wurde von Zisterziensermönchen gegründet*

Übernachtung, Essen und Trinken

› **Ballum Slusekro** €€ <090> Ballum Sluse, Ballum, Tel. 74751179, www.ballumslusekro.dk, geöffnet: Di.–Sa. 12–20 Uhr. Das Gasthaus wurde 1915 als Wohnhaus für den Schleusenmeister, für die Passagiere der Fähre und als Versammlungsort für den Deichverband gebaut. Der Kro serviert lecker zubereitete dänische Gerichte und hat fünf Gästezimmer zur Übernachtung.

55 Løgumkloster ★ [IV]

Das 3600 Einwohner zählende Städtchen 20 Kilometer nördlich von Tønder ist um das gleichnamige **Kloster** herum entstanden, das **Zisterziensermönche** im Jahr 1173 gründeten. Von den vier Flügeln des Klosters bestehen heute nur noch der Nordflügel mit der Kirche und zwei Drittel des Ostflügels mit dem Schlafsaal der Mönche, der Sakristei, der Bibliothek und dem Kapitelsaal. Als 1536 in Dänemark die Reformation stattfand, wurde das Kloster aufgegeben. Seit 1548 wird es als **Gutsbetrieb** geführt.

Die Kirche und das Kloster sind durch einen Glasgang mit dem 1960 erbauten Gästehaus Løgumkloster Refugium verbunden. Im nahen Turm befindet sich das **Glockenspiel Kong Frederik IX,** das mit 49 Glocken das größte des Nordens ist. Es wird von der örtlichen Kirchenmusikschule genutzt, an der man die Kunst des Glockenspiels lernen und sich zum Carillonneur ausbilden lassen kann. Es ist die einzige Schule dieser Art in Dänemark.

Der Bau der Anfang des 13. Jh. begonnenen **Løgumkloster Kirke** dauerte 100 Jahre, weshalb man sowohl

spätromanische als auch frühgotische Züge findet. Ein Hingucker sind die hohen **spitzbogigen Fenster**, die **schönen Pfeiler** und der nicht vor allzu langer Zeit restaurierte **Kirchenraum** mit rotbraunen und glasierten Steinen, der als einer der schönsten Dänemarks bezeichnet wird.

Im nördlichen Kirchenschiff befindet sich eine Kapelle, in der **Gedenktafeln für 67 Gefallene aus dem Ersten Weltkrieg** angebracht sind. Løgumkloster gehörte, wie das gesamte Südjütland, von 1864 bis 1920 zu Deutschland. Die Männer des Ortes waren deshalb dazu verpflichtet, auf deutscher Seite zu kämpfen. Auf der Gedenktafel sind die Gefallenen nach Gesinnung getrennt. Die Deutschgesinnten starben für „Heimat und Vaterland", die Dänischgesinnten „trugen treu die schwere Bürde der Pflicht bis in den Tod", so die Inschrift.

Der **Renaissance-Anbau** auf der Westseite der Kirche hatte mit dem Kloster nichts zu tun. Es wurde 1614 als Jagdschloss für die Gottorfer Herzöge (eine Nebenlinie des Hauses Oldenburg) gebaut. Heute befindet sich darin ein Priesterseminar der dänischen Volkskirche.

Im Mittelalter wurden im Ort Løgumkloster Viehmärkte abgehalten, heute findet auf dem **Marktplatz** jährlich an einem Augustwochenende das **Stadtfest Klostermærken** statt, wo sich Gaukler aus allen Teilen Dänemarks treffen. In der nordöstlichen Ecke des Platzes steht eine bronzene Gauklerstatue.

Am Rande des Ortes befindet sich ein **Kriegsgefangenenfriedhof**. Während des Ersten Weltkriegs befanden sich 2000 belgische, französische und russische Kriegsgefangene im Gefangenenlager in Løgumkloster. Bei einer Typhusepidemie 1915 starben 71 Gefangene, die neben dem Lager, das später abbrannte, bestattet wurden.

› **Løgumkloster Kirke,** Slotsgade 11, Tel. 74745240, www.loegumkloster-kirke.dk, geöffnet: Mo.–Fr. 10–17.30, So. 12–17 Uhr

56 Museum Holmen ★ [IV]

Das kleine Museum, das in einem westschleswigschen Hof aus dem frühen 18. Jh. untergebracht ist, zeigt in wechselnden Ausstellungen **zeitgenössische Kunst.** In vergangenen Ausstellungen waren Werke von John Lennon, Maja Elisa Engelhardt, Peter Brandes, Günter Grass, Königin Margrethe II., Bjørn Nørgaard und Per Kirkeby zu sehen.

› Østergade 13, Tel. 74744165, www.museetholmen.dk, geöffnet: Do.–So. 12–17 Uhr, Eintritt: 40 dkr, Kinder unter 15 J. frei

 Tønder ★★★ [IV]

Nur knapp fünf Kilometer trennen die größte Stadt im dänischen Marschland von der deutschen Grenze. Tønder erhielt 1243 als erste Stadt Dänemarks das **Lübische Stadtrecht.**

069rf-cl

Während des Mittelalters trug vor allem die **Klöppelindustrie**, die im 17. Jh. zur wichtigsten Einnahmequelle wurde, zum Reichtum der Stadt bei. Zeitweilig arbeiteten um die 12.000 Mädchen und Frauen in Tønder und Umgebung als Spitzenklöpplerinnen. Für die Gegend waren die Einnahmen aus dieser Industrie so wichtig geworden, dass ein Erlass es Klöpplerinnen ab 1740 verbot, ihren Wohnort zu verlassen. Wer einen Mann heiraten wollte, der weiter weg wohnte, brauchte eine Genehmigung.

Die goldene Ära endete im frühen 19. Jh. Die Mode änderte sich, Spitzen waren nicht mehr so gefragt, man trug maschinell hergestellte Tüllstoffe. Der Verein „Spitzenfestival in Tønder“ veranstaltet alle drei Jahre ein **Spitzenfestival** mit Workshops, Kursen und Modeschauen. Das letzte Festival fand 2016 statt (Infos zum nächsten Festival: www.kniplings-festival.dk/de).

Vom einstigen Wohlstand der Stadt zeugen noch heute die prachtvollen **Patrizierhäuser** aus der Zeit von 1600 bis 1800 in der Fußgängerzone. In der Uldgade mit Kopfsteinpflaster befanden sich die Häuser der ärmeren Familien, mit Erkern, in denen die Klöpplerinnen saßen und arbeiteten, weil sie dort am längsten vom Tageslicht profitierten. Die Schattenseiten der Klöppelei waren Kinderarbeit – bereits sechsjährige Mädchen wurden zur Arbeit eingespannt –, Augenschäden und krumme Rücken.

‹ Der Kaakmann wacht über den Marktplatz von Tønder

Nach dem **Deutsch-Dänischen Krieg** von 1864 gehörte Tønder zunächst zu Preußen und ab 1871 zum Deutschen Reich. Nach dem **Ersten Weltkrieg** fiel die Stadt nach einer Volksabstimmung wieder an Dänemark.

Wahrzeichen der Altstadt ist die Nachbildung des **Kaakmanns**, des städtischen Büttels, auf dem Marktplatz. Er mahnte im Mittelalter die Bürger zu Recht und Ordnung. Am Markt steht auch Tønders ältestes Haus, das **Klosterbagerens Hus** aus dem Jahr 1517. Eines der schönsten Häuser ist das **Digegrevens Hus** in der Vestergade 9 mit einem prachtvollen Rokokoportal, das 1777 für den Spitzenhändler und späteren Bürgermeister Carsten Richtsen gebaut wurde.

Heute ist die Stadt vor allem als „Heiratsparadies" und für das jährlich im August stattfindende Tønder Festival bekannt (s. S. 114), zu dem 25.000 Musikfans aus ganz Europa strömen.

58 Museum Tønder ★★★ [IV]

Auf dem Museumsgelände, das zum regionalen Museumsverbund „Museum Sønderjylland" gehört, befinden sich ein Kunstmuseum, ein Wasserturm und das Kulturhistorische Museum. Das Gelände wird durch das Torhaus des alten Schlosses Tønderhus betreten, das 1751 abgerissen wurde.

Im jüngsten Gebäude (1999) befindet sich das **Kunstmuseum**, in dessen hellen Räumen einige der schönsten Werke der nordischen Kunst von 1880 bis heute ausgestellt sind. Im **Wasserturm** daneben werden Stühle des in Tønder geborenen Architekten und Möbeldesigners **Hans J. Wegner** (1914–2007) ausgestellt, der Zeit seines Lebens mehr als 500 verschiedene Modelle entwarf. Zu den bekanntesten Modellen gehören der Chinastuhl, der Ochsensessel, der Y-Stuhl, der Pfauenstuhl und der „runde Stuhl", auf dem John F. Kennedy 1960 während des ersten live übertragenen Fernsehduells amerikanischer Präsidentschaftskandidaten saß. Kennedy wollte aufgrund seines chronischen Rückenleidens nur auf diesem Stuhl sitzen, da er bequem war. Die Bestellungen für das Modell mehrten sich nach der Fernsehshow deutlich, vor allem, weil am Tag nach dem Fernsehduell in Zeitungen lobend über den Stuhl geschrieben wurde.

Von der Spitze des Wasserturms bietet sich eine fantastische Sicht auf Tønder und die Marschlandschaft. Im **Kulturhistorischen Museum** sind Silberwaren, Fliesen, Fayencen und Klöppelspitzen ausgestellt.

› Kongevej 51, Tel. 74728989, www.museum-sonderjylland.dk, geöffnet: Juni–Aug. tägl. 10–17 Uhr, Sept.–Mai Di.–So. 10–17 Uhr, Eintritt: Erw. 70 dkr, Studenten 60 dkr, Kinder unter 18 J. frei

59 Drøhses Hus ★ [IV]

Das Haus in der Storegade wurde 1672 für den wohlhabenden Bürger Friedrich Jürgens erbaut, ist heute Teil des Museums Sønderjylland und beherbergt eine **Ausstellung über Klöppelspitzen und Textilien.**

› Storegade 14, Tel. 74724990, www.museum-sonderjylland.dk/drohses-hus.html, geöffnet: April/Mai Di.–Fr. 11–17, Sa. 10–14 Uhr, Juni–Aug. Mo.–Fr. 11–17, Sa. 10–14 Uhr, Sept.–23. Dez. Di.–Fr. 11–17 Uhr, Sa. 10–14 Uhr, 24. Dez.–Ende März geschlossen, Eintritt: Erw. 50 dkr, Kinder unter 18 Jahren frei

EXTRATIPP

Tønder Festival

Das viertägige Musikfestival, auf dem skandinavische und internationale **Roots- und Folkmusiker** auf mehreren Bühnen auftreten, findet seit 1975 jährlich Ende August statt. Zu den Berühmtheiten, die hier in der Vergangenheit aufgetreten sind, gehören Arlo Guthrie, Donovan, Pete Seeger und Emmylou Harris.

Die Armbänder zum Eintritt, die es nur für den gesamten Festivalzeitraum gibt, kosten für Erwachsene 1490 dkr, für Studenten 1290 dkr und für Jugendliche von 12 bis 17 Jahren 800 dkr. Kinder unter 12 Jahren haben freien Eintritt, sofern sie in Begleitung eines Erwachsenen (der natürlich ein Ticket haben muss) sind.

› **Festivaldatum und weitere Infos:** www.tf.dk/de.

Infos und Reisetipps

› **Tønder Turistbureau** <091> Storegade 2–4, Tel. 74721220, www.visittonder.dk, geöffnet: Mo.–Fr. 10–17.30, Sa. 10–14 Uhr

Essen und Trinken

› **Lækkeriet** €-€€ <092> Vestergade 27, Tønder, Tel. 40800600, geöffnet: Mo.–Fr. 10–17.30, Sa. 10–14 Uhr. Salat- und Sandwichbar in der Fußgängerzone. Die Sandwiches, frisch vom Bäcker, können ganz nach eigenem Belieben belegt werden.

› **Klostercafeen** €-€€ <093> Torvet 11, Tønder, Tel. 21473339, www.klostercafeen-toender.dk, geöffnet: tägl. 10–17 Uhr. Das Café mit Außenbestuhlung befindet sich im Klosterbagerens Hus, dem ältesten Haus der Stadt. Ein Hingucker sind die wunderschönen alten holländischen Kacheln an den Wänden. Salate, Burger, Smørrebrød, Snacks, Kaffee und Kuchen.

071rf-cl

60 Møgeltønder ★★★ [IV]

Der zur Großgemeinde Tønder gehörende Ort liegt fünf Kilometer westlich der größeren Stadt. Die Slotsgaden, die von denkmalgeschützten, mit Reet gedeckten Backsteinhäusern und schattenspendenden Linden gesäumt ist, wird als **Dänemarks schönste Dorfstraße** bezeichnet. Angelegt wurde sie im 17. Jh. vom ersten Bewohner von Schloss Schackenborg, der in der Straße Häuser für seine Dienerschaft, Handwerker und Offiziere bauen ließ.

61 Schloss Schackenborg ★★★ [IV]

Die Slotsgaden führt direkt zum Schloss Schackenborg, das von 1993 bis 2014 Wohnsitz von Prinz Joachim, dem jüngsten Sohn der dänischen Königin Margrethe, und seiner Familie war. Die Geschichte des Schlosses reicht bis ins 13. Jh. zurück, als der Bischof von Ribe hier eine Burg mit dem Namen **Møgeltønderhus** besaß. Im Zuge der Reformation wurde die Burg 1536 von der Krone konfisziert.

König Frederik III. übereignete Møgeltønderhus 1661 dem Grafen **Hans von Schack** als Dank für seine Verdienste als Oberbefehlshaber und Feldmarschall im Krieg gegen Schweden. Von Schack ließ Teile der baufälligen Burg abreißen und in den Jahren 1662 bis 1666 das dreiflügelige **Schloss Schackenborg** errichten, das bis ins 20. Jh. von den Nachkommen Schacks bewohnt wurde. Da der letzte Graf von Schack keine Nachkommen hatte, übertrug er Schackenborg 1978 dem dänischen Königshaus.

Prinz Joachim zog nach seiner Ausbildung zum Landwirt 1993 auf das Schloss und bewirtschaftete die zugehörigen Güter. 1995 heiratete er in Kopenhagen die fünf Jahre ältere britisch-chinesische Investmentbankerin Alexandra Manley, die er im Jahr zuvor während eines Hongkong-Aufenthalts auf einer Party kennengelernt hatte. Zur Hochzeit wurden für das Volksgeschenk im ganzen Land 13 Millionen Kronen gesammelt. Mit diesem Geld wurde Schackenborg umfassend saniert. Die Ehe wurde 2005 geschieden, die beiden Söhne zogen mit der Mutter nach Kopenhagen. Alexandra Manley heiratete einen 14 Jahre jüngeren Kameramann, verlor ihren Prinzessinnen-Titel und wurde zur Gräfin degradiert.

2008 heiratete Prinz Joachim in der Kirche von Møgeltønder die Französin Marie Cavallier und der kleine Ort stand dank der geladenen Gäste aus dem europäischen Hochadel plötzlich in den Schlagzeilen.

Als der Prinz und seine Familie im Juli 2014 ihren Wohnsitz nach Kopenhagen verlegten, wurde das Schloss einer Stiftung übertragen, deren Schirmherren der Prinz und seine Frau, Prinzessin Marie, sind. Den gleichen Betrag, den er 19 Jahre zuvor zur Hochzeit bekommen hatte, brachte er nun in die Stiftung ein. Seit 2017 bietet die Stiftung im Sommer für Gruppen von 18 und 25 Personen rund 50 **Führungen** an. Allerdings finden diese nur in einem Teil des Schlosses statt, da der Südflügel mehrmals im Jahr von der Prinzenfamilie bewohnt wird. Ist sie anwesend,

◁ Vegane Leckerei aus der Salat- und Sandwichbar Lækkeriet

EXTRATIPP

Hochprozentiges von Schackenborg

Während seiner Zeit als Landwirt kam Prinz Joachim die Idee, einen **Eichenschnaps** *(Egesnaps)* mit Wasser der jütländischen Heide, dem Getreide seiner Felder und einem Stückchen Eichenholz aus den Wäldern Schackenborgs herzustellen. Das kleine Holzstäbchen bleibt in der Flasche, um dem Schnaps die goldene Farbe und Geschmacksnuancen zu verleihen. Auf der Rückseite des Etiketts werden GPS-Koordinaten genannt, die es dem „Trinker" ermöglichen, die Stelle in den Wäldern zu finden, an der die Eiche wuchs, von der das Hölzchen stammt. Der Ort ist einfach zu finden, denn er ist durch eine kleine Messingplatte gekennzeichnet.

Der Prinz hat nicht nur den Schnaps kreiert, sondern auch **Dry Gin, Bitter** und **Wodka,** die ebenfalls mit Zutaten von den schlosseigenen Gütern hergestellt werden. Destilliert wird die Serie von der Mikrodestillerie Braunstein in Køge, vertrieben von „De 5 Gaarde", einem Zusammenschluss von fünf Gütern, zu dem auch Schackenborg gehört. Die Spirituosen mit dem Markennamen Schackenborg sind im Slotskro (s. S. 117) und in ausgesuchten Weinhandlungen erhältlich. **Weitere Produkte** sind Honig, Senf, Bier, Rapsöl, Mehl, Molkereiprodukte und das Schlossbrot, das in der Bäckereiabteilung der Supermärkte Kvickly und SuperBrugsen verkauft wird. Das **Brot** erkennt man an der eingebackenen Oblate aus Mais- und Kartoffelstärke. Zum Sortiment gehören Vollkornschwarzbrot, Weizenbrot und das leckere südjütländische Roggenbrot, das nach einem alten Rezept gebacken wird.

weht die königliche Flagge und Besichtigungen sind tabu.

Im **Schlosspark** finden im Sommer ebenfalls Führungen statt, bei denen ein Guide spannende Geschichten zum Schloss erzählt. Laut Prinz Joachim wimmelt es auf Schackenborg von Gespenstern. Gesehen habe er selbst keines, sagt er, wohl aber hin und wieder gehört.

› Schackenborg 2, Tel. 74378208, www.schackenborg.de. Die Führungen finden an ausgewählten Tagen von August bis Mitte September statt. Die genauen Daten und Uhrzeiten finden sich auf der Website unter dem Punkt „Veranstaltungen auf Schackenborg."

62 Møgeltønder Kirke ★ [IV]

Die ältesten Teile der kleinen weißen Kirche mit dem Backsteinturm stammen aus der Zeit um 1200. Im Innenraum stehen hellblaue Holzbänke, die Wände zieren Fresken aus der Renaissance und die hübsch geschnitzte Decke im spätgotischen Stil stammt aus dem frühen 16. Jh.

Die **Orgel** von 1679 ist die älteste des Landes, die heute noch in Gebrauch ist. Unter dem Chor befindet sich eine **Krypta** aus dem 16. Jh., unter anderem mit drei Sandsteinsarkophagen für Hans von Schacks gleichnamigen Sohn (gest. 1719) und dessen beiden Ehefrauen.

Die Kirche gehörte bis 1970 zu Schloss Schackenborg und somit den Grafen, die sie über die Jahrhunderte hinweg üppig ausstatteten. Prinz Henrik (*2009) und Prinzessin Athena (*2012), die Kinder aus Prinz Joachim von Dänemarks zweiter Ehe, wurden beide in der Kirche getauft.

› Sønderbyvej 2, Tel. 74738139, www.mogeltonderkirke.dk, geöffnet: tägl. 8–16 Uhr

Unterkunft, Essen und Trinken

› **Schackenborg Slotskro** €€-€€€ <094> Slotsgaden 42, Møgeltønder, Tel. 74738383, www.slotskro.dk/de. Das Gebäude war einst Wohnhaus des Gärtners von Schloss Schackenborg, bis es 1688 zum Gasthaus wurde. 2- bis 3-gängige Mittagsmenüs, dänische Küche, kreativ und lecker zubereitet, abends 2- bis 6-Gangmenüs. Viele Produkte stammen von den Ländereien von Schloss Schackenborg. Nicht billig, aber die schöne Umgebung ist es wert! Die 25 individuell eingerichteten Zimmer sind nach dänischen Schlössern und Gütern benannt. Es gibt Pakete mit 3-Gänge-Menü, Gourmettage und „Schwarze Sonne"-Touren (s. S. 25).

Einkaufen

› **Butik Slotsgaden** <095> Slotsgaden 14, Møgeltønder, Tel. 22140276, www.slotsgaden.dk, geöffnet: tägl. 10–17 Uhr. Antiquitäten, Kunsthandwerk, Geschenkartikel und allerlei Krimskrams. In der alten Scheune „Posselts Gård" aus dem Jahr 1785 könnte man stundenlang herumstöbern!

In der Schackenborg Slotskro kann man schlemmen und übernachten

Sylt

Die nördlichste deutsche Insel liegt nur 3 km südlich von Rømø. Eine Fähre pendelt täglich mehrmals zwischen Havneby und List und bringt Besucher mit oder ohne Fahrzeug in 40 Minuten nach Sylt bzw. zurück.

› Info, Fahrplan und Preise: www.syltfaehre.de

 63 List ★ [IV]

Das kleine Seebad im Norden Sylts, ursprünglich eine dänische Gründung aus dem 13. Jh., gehörte bis 1864 zum Königreich Dänemark und gilt heute als **nördlichste Gemeinde Deutschlands.** Der etwa 2500 Einwohner zählende Ort bestand bis zum Ersten Weltkrieg aus nur zwei Höfen und weniger als 100 Einwohnern. 1914 entstand östlich des alten Ortskerns ein Seefliegerhorst, von dem im Juli 1932 **Wolfgang von Gronau** mit einem zweimotorigen Wasserflugzeug zu einer Weltumrundung startete und nach über 44.000 km im November wieder in List landete. Der Luftfahrtpionier wurde Ehrenbürger des Ortes und fand seine letzte Ruhestätte auf dem Friedhof am Rande der Dünen.

Besucher werden gleich nach der Ankunft vom geschäftigen Treiben des **Hafenviertels** empfangen. Hier befinden sich Boutiquen und kleine Läden mit Delikatessen und Souvenirs, Cafés, Fischbuden, Restaurants und die berühmte Austernstube Sylter Royal.

In List hat die einzige Austernzuchtstation Deutschlands, **Dittmeyers Austerncompanie**, ihren Sitz, die je nach Saison zwischen einer und drei Millionen Austern mehrerer Generationen vorrätig hat.

Westlich des Ortes erstreckt sich der 40 Kilometer lange **Sylter Strand**, an dem in der Sommersaison Strandkörbe vermietet werden. Auf der Halbinsel Ellenbogen, nördlich von List, steht der weiße Leuchtturm „List West", der seit 1858 in Betrieb ist. Er gilt nicht nur als nördlichster Leuchtturm, sondern auch als nördlichstes Gebäude Deutschlands. Eine Besichtigung ist nicht möglich.

64 Erlebniszentrum Naturgewalten Sylt ★★★ [IV]

Das multimediale Erlebniszentrum auf 2300 Quadratmetern ist ein Erlebnis für Groß und Klein und erklärt auf unterhaltsame und lehrreiche Weise die Kräfte der Natur. In der Dauerausstellung „Faszination Sylt" beobachten Besucher, welche Küstenabschnitte bei einem Anstieg des Meeresspiegels überflutet werden, lernen die Kräfte der Nordsee kennen, erfahren Wissenswertes zu Klima, Wetter und Naturgewalten und erleben auf Knopfdruck Windstärke 9. Ein spezielles Kinder- und Jugendprogramm begleitet junge Besucher mit Ausstellungsstücken und Hörspuren (begehbare Audio-Installationen) durch die drei großen Themenbereiche „Klima, Wetter, Klimaforschung", „Leben mit Naturgewalten" und „Kräfte der Nordsee". Am Ende der Ausstellung können die Kinder ihr Wissen an Quizterminals testen. Das Zentrum bietet von April bis Ende Juli auch Austernwanderungen im Watt an. Die genauen Termine werden auf der Website genannt.

› Hafenstraße 37, List, Tel. 04651 836190, www.naturgewalten-sylt.de, geöffnet: tägl. 10–18 Uhr, im Juli und Aug. bis 19 Uhr. Eintritt: Erw. 14 €, Kinder von 4–15 J. 8,50 €

Anreise

Die Sylt-Fähre pendelt das ganze Jahr über täglich zwischen Havneby 9 auf Rømø und List auf Sylt, von April bis September sogar alle zwei Stunden. Die Fahrtzeit beträgt rund 40 Minuten.

› **Fahrplan, Preise und Buchung:** www.syltfaehre.de, Tel. 0461 864601

073rf-cl

Essen und Trinken

- **Nördlichste Fischbude Deutschlands** €-€€ <096> Am Hafen, List, Tel. 04651 870401, www.gosch.de/standorte/gosch-auf-sylt, geöffnet: tägl. 9.30–18 Uhr. Fischbrötchen und Fischspezialitäten werden hier appetitlich zubereitet.
- **Restaurant Piratennest** €-€€ <097> Am Hafen, List, Tel. 04651 886444, www.piratennest-list-sylt.de, geöffnet: Di.–So. 11–22, im Winter ab 11.30 Uhr. Gemütliches Restaurant mit Tresen in Piratenschiff-Optik und Außenterrasse. Fisch- und Fleischgerichte, Salat- und Antipasti-Teller.
- **Sylter Royal Austernstube** €€-€€€ <098> Hafenstraße 10–12, List, Tel. 04651 877525, www.sylter-royal.de, geöffnet: im Sommer tägl. 11.30–21, im Winter Mo.–Sa. 11.30–20, So. bis 17 Uhr. Austerngerichte, aber auch andere Leckereien.

65 LEGOLAND Billund ★★★ [IV]

Wer seinen Urlaub mit Kindern an der dänischen Nordseeküste verbringt, kommt an dem gigantischen **Freizeitpark** nicht vorbei. Zwei Millionen Besucher aus allen Teilen der Welt besuchen jährlich die Miniwelten aus bunten Steinen. Erfunden hat die LEGOS der Tischlermeister **Ole Kirk Christiansen**, der ab 1916 in seinem Billunder Maschinentischlerei- und Zimmergeschäft Fenster, Schränke und Türen herstellte. Als das Geschäft während der Weltwirtschaftskrise schlecht lief und er Tischler entlassen musste, begann er mit seinem Sohn Godtfred, aus Holzabfällen Spielzeug herzustellen. 1932 gründete Christiansen eine Spielzeugfirma und erfand den Namen, der später weltberühmt werden sollte: LEGO. Der Begriff leitet sich von den dänischen Wörtern „leg godt" (auf Deutsch „spiel gut") ab. Die kleinen Bausteine, die sich bequem ineinander stecken ließen, erfand er allerdings erst 1949, als die Plastikproduktion immer beliebter wurde.

Syltfähre am Hafen in Havneby 9 *auf Rømø*

Anfangs waren die blauen, gelben und roten Plastikbausteine innen hohl und die Bauten, die aus ihnen entstanden, instabil. Es dauerte noch ein paar Jahre, bis in die Unterseite der Bausteine kleine Röhren integriert wurden. 1958 war es dann soweit: die LEGO-Steine, wie man sie heute kennt, kamen auf den Markt. Zehn Jahre später, am 7. Juni 1968, wurde **LEGOLAND** eröffnet. Bereits in der ersten Saison strömten über 600.000 Besucher in die neue Touristenattraktion und ließen sich von kleinen Zügen durch die bunte Spielzeugwelt fahren.

Kern des Parks ist das **Miniland** im Eingangsbereich, wo eine „Weltreise" zu den berühmtesten Sehenswürdigkeiten der Welt startet. Hier wurden ganze Städte mit Bahnhöfen, Flughäfen, Autos und Schiffen aus Millionen kleiner Plastiksteine im Maßstab 1:20 zusammengesetzt, u.a. der Kopenhagener Nyhavn, Schloss Amalienborg, norwegische Fjorde, amerikanische Wolkenkratzer, das Kennedy Space Center und die Präsidentenköpfe von Mount Rushmore sind darunter. Im Star-Wars-Bereich wurde sogar eine ganze Galaxie nach-

074rf-fo©Mathieu, stock.adobe.com

gebaut. 2015 landete hier ein 13 Meter langer und 3 Meter hoher X-wing Starfighter, der aus 5,3 Millionen LEGO-Steinen gebaut wurde.

Eine der Hauptattraktionen im Miniland ist die **Kinder-Fahrschule**, wo Jungen und Mädchen im Alter von 7 bis 13 Jahren die Verkehrsregeln lernen und anschließend in einem gesonderten Areal ein Miniauto durch den Straßenverkehr steuern. Wenn sie dabei alle Regeln beachten, erhalten die Kinder anschließend den LEGOLAND-Führerschein mit Foto und Namen.

In der **Imagination Zone** haben Groß und Klein die Gelegenheit, sich Filme im größten 4D-Kino Skandinaviens anzuschauen. Einen Adrenalinkick verspricht der Jungle Racer im **Adventure Land** und im **Polarland** können die Kinder an der Fels- und Klippenlandschaft der Penguin Bay eine große Kolonie echter Pinguine bestaunen oder mit der Achterbahn Polar X-plorer auf Entdeckungsreise quer durch das Polarland gehen, vorbei an Eisbären aus LEGO-Steinen.

Für die jüngsten Besucher gibt es das **DUPLO-Land** mit Mini-Bahnen, Flugzeugen, Karussells, einem Riesenrad in Kleinformat und Spielhäusern.

› LEGOLAND, Nordmarksvej 9, Billund, Tel. 75331333, www.legoland.dk, geöffnet: April–Okt. tägl. 10–18 Uhr, in der Hochsaison bis 20 bzw. 21 Uhr, Eintritt: Erw. 359 dkr (online 319 dkr), Kinder bis 12 J. 339 dkr (online 299 dkr), Kinder unter 3 J. frei

› Von Rømø aus erreicht man Billund über den Hindenburgdamm und die Straße 425 (ca. 96,5 km). Aus Richtung Fanø fährt man ab Esbjerg über die E20 und die Straße 425 (ca. 64 km).

Im LEGOLAND wurden Orte und berühmte Sehenswürdigkeiten wie Mount Rushmore mit den kleinen Plastiksteinen nachgebaut

PRAKTISCHE REISETIPPS

075rf-cl

An- und Rückreise

Anreise Rømø

Mit dem Auto

Rømø liegt rund 85 km von der deutsch-dänischen Grenze entfernt (B5 ab Grenzübergang Böglum/Sæd, ab Tønder 57 Route 11). Über Tønder und **Skærbæk** 51 fahrend, gelangt man über den 10 km langen **Rømø-Damm** auf die Insel. Die Überquerung des Damms ist **kostenlos.**

Wegen der Flüchtlingssituation und des internationalen Terrorismus hat Dänemark an der deutsch-dänischen Grenze wieder vereinzelte **Grenzkontrollen** eingeführt; die Maßnahme wurde zuletzt im Januar 2017 verlängert. Daher empfiehlt es sich, stets ein **Ausweisdokument** (Personalausweis oder Reisepass) mitzuführen.

Mit der Fähre

Von **List** 63 **auf Sylt** ist es nur ein Katzensprung bis nach Rømø, das 3 km nördlich von Sylt liegt. Die **Fähre „MS SyltExpress"** verkehrt in der Hauptsaison bis zu neunmal, in der Nebensaison bis zu achtmal täglich. Die **Fahrzeit** beträgt rund 40 Minuten. Das **Ticket** für eine Hin- und Rückfahrt mit Pkw inkl. Insassen kostet 80 € (wer am selben Tag zurückfährt, zahlt 71 €), Einzelpersonen zahlen hin und zurück 11,70 €, Familien (2 Erw. und 2 Kinder) 28,70 €.

› **Fahrplan und Buchung:** www.syltfaehre.de

KURZ & KNAPP

Der Bau des Rømødæmningen (Rømø-Damm)

Rømø war bis Ende der 1940er-Jahre nicht mit dem Festland verbunden. Es gab eine **Fährverbindung** zwischen Ballum, das nordwestlich von Tønder liegt, und Kongsmark an der Ostküste der Insel. Die Idee zu einem **Damm zwischen Rømø und Südjütland** gab es zwar schon 1860, sie wurde jedoch wegen des Deutsch-Dänischen Krieges, der vier Jahre später ausbrach, nicht weiter verfolgt. Erst 1938 wurde mit dem Bau begonnen. Als der Zweite Weltkrieg ausbrach, verzögerten sich die Arbeiten allerdings, sodass der 9,2 km lange Rømødæmningen erst im Dezember 1948 fertiggestellt und eingeweiht werden konnte.

Entlang des Damms gibt es **drei Haltebuchten** – zwei in Fahrtrichtung Rømø und eine in Fahrtrichtung Festland. Beiderseits gibt es eine **Fahrradspur.**

Der Damm wurde bei den **Sturmfluten** der Jahre 1976, 1981 und 1999 überflutet und teilweise zerstört. Die Reparatur nach der letzten Flut kostete 27 Mio. Kronen.

Mit dem Flugzeug

Lufthansa fliegt mehrmals täglich von **Frankfurt** nach **Billund** 65 auf dem dänischen Festland (Direktflüge bei frühzeitiger Buchung ab 200 €), ab **Wien** mit Umstieg in Frankfurt (ab 250 €). Ab **Zürich** fliegt KLM via Amsterdam, SAS über Kopenhagen und Lufthansa mit Halt in Frankfurt (je nach Airline und Saison ab 220–260 €).

Mit dem **Mietwagen** sind es vom Flughafen in Billund etwa 96 km nach Rømø. Alternativ fährt man mit dem

Vorseite: Ein Fahrrad ist auf Fanø unerlässlich

Bus 44 vom Flughafen zum Bahnhof Billund und mit dem Zug weiter nach Skærbæk (Infos: www.dsb.dk/en). Von dort aus überquert die **Buslinie 285** den Rømø-Damm.

› **Infos zum Flughafen:** www.bll.dk

Anreise Fanø

Mit dem Auto und der Fähre

Die Insel liegt in **Sichtweite** gegenüber der Stadt **Esbjerg** 29 auf dem dänischen Festland. Bis dorthin sind es ab der deutsch-dänischen Grenze bei Flensburg etwa 150 km (über die E45, ab Kolding E20). Vom Hafen in Esbjerg fährt die **Fähre FanøFærgen** alle 20 Minuten nach **Nordby** 13 auf Fanø. Die Fähre ist tidenunabhängig und verkehrt das ganze Jahr über. Die Überfahrt dauert nur zwölf Minuten. Das **Ticket** für eine Hin- und Rückfahrt mit Pkw inkl. Insassen kostet je nach Saison und Wochentag zwischen 195 und 415 dkr. Einzelpersonen zahlen zwischen 35 und 45 dkr, ebenfalls hin und zurück, Kinder 20–25 dkr.

› **Fahrplan und Buchung:** www.faergen.de/linien/fanoefaergen.aspx

Einen **Taxistand** gibt es in Nordby nicht, aber Taxis warten oft am Fähranleger, sobald ein Schiff aus Esbjerg anlegt (ansonsten unter Tel. 75166200 bestellen).

Mit dem Flugzeug

Lufthansa fliegt mehrmals täglich von Frankfurt nach **Billund.** Mit dem **Mietwagen** sind es vom Flughafen in Billund etwa 60 km bis zum Hafen von **Esbjerg,** von wo aus die bereits erwähnte **Fähre** nach Fanø übersetzt. Wer auf einen Mietwagen verzichten will, kann alternativ den **Bus** der **Linie 44** nehmen, der vom Flughafen bis Esbjerg fährt (Fahrtdauer: 1¾ Std.).

Autofahren

In Dänemark gilt innerhalb von Ortschaften eine **Höchstgeschwindigkeit** von 50 km/h, außerorts und auf Schnellstraßen darf man 80 km/h fahren und auf Autobahnen 130 km/h. Bei Wohnmobilen und Fahrzeugen mit Anhänger gilt außerorts und auf Schnellstraßen eine Höchstgeschwindigkeit von 70 km/h. Anders als in Deutschland muss zudem auch tagsüber das **Abblendlicht** eingeschaltet sein.

Schon bei geringen **Verkehrsverstößen** werden hohe Bußgelder fällig. So zahlt man für das Überfahren einer roten Ampel 270 € und ein nichtangelegter Sicherheitsgurt oder das Fahren mit dem Handy am Ohr kosten 200 €. Auf **Parkplätzen** vor Supermärkten und Einkaufszentren kann es Knöllchen geben, wenn man ohne gültigen Parkschein oder eine Parkscheibe bzw. über die angegebene Zeit hinaus parkt. Das Gleiche gilt, wenn das Auto auf einer Fläche geparkt wird, die für Behinderte, Elektrofahrzeuge oder Wohnmobile reserviert ist.

Die **Promillegrenze** liegt bei 0,5. Wird diese überschritten, gibt es einen Monat Fahrverbot und eine Geldbuße bis zur Höhe eines ganzen Monatsgehaltes, was je nach Einkommen ganz schön teuer werden kann.

EXTRAINFO

Wohnmobile

Wohnmobile dürfen über Nacht nur auf Campingplätzen abgestellt werden. Diese Regel gilt in ganz Dänemark. Wohnmobile und Autos mit Anhänger (z. B. Wohnwagen) dürfen zudem eine Gesamtlänge von 12 Metern und eine Breite von 2,55 Metern nicht überschreiten.

076rf-cl

Dänische Strafbescheide ab 70 € können übrigens auch in Deutschland vollstreckt werden.

Tankstellen befinden sich auf Rømø und Fanø an folgenden Standorten:

- **OK Fanø** <099> Strandvejen 21, Nordby, nur Selbstbedienung
- **Rømø Auto Service** <100> Vesterhavsvej 15, Tel. 74755328, Tankstelle und Reparaturwerkstatt
- **Statoil Servicestation Rømø** <101> Juvrevej 3, Tel. 74755269

Barrierefreies Reisen

Beide Inseln lassen sich gut von mobilitätseingeschränkten Personen besuchen. Wer auf einen Rollstuhl angewiesen ist, kann sich auf Fanø einen elektrischen, geländetauglichen Rollstuhl für den Strand ausleihen. Viele Unterkünfte sind barrierefrei gestaltet (z. B. www.hbf.dk/fanoe-soenderho).

- Über barrierefreies Reisen auf Fanø und Rømø informieren die jeweiligen Touristeninformationen: http://visitfanoe.dk/de/reiseplanung/fanoe-fuer-behinderte und romo@romo.dk. Auf www.godadgang.dk findet man eine Suchmaschine für zertifizierte Einrichtungen.

Die Sparkasse in Nordby 13 *auf Fanø*

Diplomatische Vertretungen

- **Deutsche Botschaft (Den Tyske Ambassade)**, Stockholmsgade 57, 2100 Kopenhagen Ø, Tel. +45 35459900, Fax +45 35267105, www.kopenhagen.diplo.de
- **Österreichische Botschaft**, Sølundsvej 1, 2100 Kopenhagen Ø, Tel. +4539294141, Fax +45 39292086, www.bmeia.gv.at/botschaft/kopenhagen.html
- **Schweizer Botschaft**, Richelieus Allé 14, 2900 Hellerup, www.eda.admin.ch/copenhagen, Tel. +45 33141796, Hotline in der Schweiz: +41 (0)800 247365

Shell
Hellevad
DK-9409
Hovedgaden 1
6230 - Rødekro
Tlf:+45 74669144
CVR: 57918314

Dato 12-09-2018 12:23

*
Stander 2 Diesel
Liter 73,04 ℓ
Pris DKK 10,09/ℓ
TOTAL DKK 736,99
*
MOMS 25,00 %
DKK 147,40
Netto DKK 589,59
V PAY IB1
***************7061
Acquirer NETS
PAN sekvensnummer 03
ATC 260
STAN 056660
Salgssted id 8011173
Host ref.no 505164
Autorisationskode 233342
Godkendt
Sesjonskode 310
BAX 02940951-689756
AID A0000000032010
AC BBF1F8CEA7883F8C
ARC 3030(=00)

KøB

Stationsnummer 9409
Kvitteringsnr.
0313510036
51-026863-90237518

Tak for besøget

Wechselkurs

1 dkr	0,13 €/0,15 SFr
1 €	7,45 dkr
1 SFr	6,81 dkr

(Stand: Juni 2017)
Aktuelle Kursangaben finden sich z. B. bei www.oanda.com.

Geldfragen

Dänemark ist nicht Teil der Eurozone und die Währung daher die **Dänische Krone (dkr).** Die Münzen heißen Øre, wobei 100 Øre einer Krone entsprechen.

Euro werden in einigen Supermärkten und Geschäften zwar angenommen, das Rückgeld erfolgt aber ausschließlich in Kronen. Die **Maestro-/EC-Karte** wird überall zur Zahlung akzeptiert, ebenso wie die gängigen **Kreditkarten.** Einen **Geldautomaten** mit Maestro-Zeichen gibt es in Havneby (Rømø) nahe der Touristeninformation (s. S. 48) und bei mehreren Banken auf Fanø.

Die **Gebühren** für das Abheben an Geldautomaten sind von Bank zu Bank verschieden. Mit den Karten bestimmter Banken kann man an Automaten mit dem Maestro- oder Visa-Zeichen kostenlos Geld abheben. Urlauber sollten sich bei ihrer Bank erkundigen, ob dies bei ihrer Karte der Fall ist. Sparkassen-Kunden zahlen für das Abheben mit der EC-Karte an dänischen Sparkassen-Automaten keine Gebühren.

Beim Abheben von Bargeld in Landeswährung wird manchmal angeboten, dass die Abrechnung mit dem eigenen Konto in Euro erfolgen kann. Das Verfahren ist als **Dynamic Currency Conversion (DCC)** bekannt. Wählt man diese Option, die ja sicherer erscheint, wird aber ein ungünstiger Wechselkurs zugrundegelegt, der erhebliche Kosten verursachen kann. Deshalb sollte man Abhebungen immer in der Landeswährung vom eigenen Konto abbuchen lassen. Dann legt die eigene Bank den offiziellen Devisenkurs zugrunde.

Die Inseln preiswert

- *__Wattenmeer-Pass:__ Mit dem sogenannten Wattenmeer-Pass („Vadehavspass") erhalten Urlauber Vergünstigungen in über 40 Museen, Geschäften, Restaurants und Unterkünften zwischen Rømø und Tønder, zum Beispiel im Hjemsted Oldtidspark* 52 *in Skærbæk, bei einem Ausritt mit den Islandpferden des Rømø Islændcenter (im Hotel Kommandørgården, s. S. 49) oder bei Outdoor-Aktivitäten des Naturcenter Tønnisgård* 2*. Der Wattenmeer-Pass ist kostenlos in allen Touristeninformationen der Region erhältlich.*
- *Mit dem __Kombiticket__ für 70 dkr erhalten Besucher Eintritt in alle vier __Museen Fanøs__ (in jedem der Museen erhältlich).*
- *__Nachtwächterführung:__ Der spannende Rundgang durch die Gassen des alten Ribe mit dem Nachtwächter ist kostenlos (s. S. 102).*
- *__Kindermenüs:__ Der Havneby Kro (s. S. 50) auf Rømø bietet gleich eine ganze Speisekarte für Kinder mit vergleichsweise günstigen Preisen.*

Preise und Kosten

Was den Kauf von **Lebensmitteln** betrifft, ist Dänemark eines der teuersten EU-Länder und auch essen zu gehen ist nicht günstig: Ein **Hauptgericht** unter 20 € ist kaum zu finden. Günstiger ist es, wenn man sich im Ferienhaus selbst versorgt und Grundnahrungsmittel aus Deutschland mitbringt. Berücksichtigen sollte man auch, dass die Mehrwertsteuer in Dänemark bei 25 Prozent liegt.

Die Preise für **Hotels und Ferienwohnungen** auf Rømø und Fanø entsprechen dem dänischen Durchschnitt. In der Hauptreisezeit Juli bis Mitte August sind die Preise für Unterkünfte am teuersten. Für Ferienhäuser und -wohnungen zahlt man dann mehr als das Doppelte.

In Dänemark gibt es **keine Kurtaxe.** Das Gesetz sichert jedermann den freien Zugang zu Stränden, Ufern und Küsten zu.

Hunde

Fanø und Rømø sind **hundefreundliche Inseln.** Die langen Strände und die Waldgebiete mit eigenen Hundewäldern bieten dem Vierbeiner viel Raum, um sich auszutoben. Trotzdem müssen folgende Regeln beachtet werden:

- **Impfungen/Heimtierausweis:** Bei der Einreise EU-Heimtierausweis bereithalten. Eine Tollwutimpfung bei Hunden ab drei Monaten muss mindestens 28 Tage vor der Einreise erfolgt sein. Der Hund muss entweder tätowiert oder gechipt sein, damit man ihn, falls er entläuft, schnell identifizieren und dem Besitzer zurückbringen kann.
- **Kampfhundrassen und Kampfhundkreuzungen:** Diese dürfen generell nicht einreisen. Dänemark stuft 13 Kampfhundrassen und Kreuzungen, bei denen eine der 13 Hunderassen beteiligt ist, als gefährlich ein – eine Auflistung findet sich auf www.visitdenmark.de/de/daenemark/urlaub-mit-hund-danemark. Es ist wichtig, dass im Heimtierausweis die Rasse des Hundes genannt wird. Von April bis September besteht in Dänemark eine Leinenpflicht, das freie Herumtoben an ruhigen Strandabschnitten ist jedoch möglich. Von Oktober bis März dürfen die Vierbeiner ohne Leine herumrennen.
- **Tierklinik Skærbæk** <102> Søndervang 20, Skærbæk, Tel. 74751117, Mo.–Fr. 8–16 Uhr
- **Tierarzt Fanø Dyreklinik** <103> Hovedgaden 126, Nordby, Tel. 29247663, www.fanoedyreklinik.dk. Tierärztin Bente Østergaard vergibt Termine nur nach telefonischer Vereinbarung.

Informationsquellen

Infostellen zu Hause

- **Visit Denmark,** Glockengießerwall 2, 20095 Hamburg, Tel. 0180 5326463, www.visitdenmark.de. Dänemarks offizielle Tourismuszentrale, kostenlose Broschürenbestellung.

Fanø und Rømø im Internet

- **www.visitdenmark.de:** offizielle Website der dänischen Tourismuszentrale. Gibt man die Suchbegriffe „Fanø“ oder „Rømø“ ein, erscheinen Links mit Informationen zu den Inseln.
- **www.visitfanoe.dk:** informativ gestaltete Website vom Fanø Turistbureau, der Tourismuszentrale der Insel. Man findet hier Unterkünfte, Infos zu Shopping, Restaurants, Events und jede Menge Tipps für den perfekten Fanø-Urlaub.
- **www.facebook.com/VisitFanoe:** Fanø auf Facebook.

Meine Literaturtipps

- *Søren Lauridsen und Kaj Halberg:* ***Fanø Mosaik.*** *Das große, reich bebilderte Buch ist ein spannender Blick auf das Inselleben von damals und heute. Man erfährt alles Wissenswerte zu Insel und Einwohnern: Hausbau, Seefahrt, Trachten, Kunsthandwerk, Festivals, Kulinarisches, Flora und Fauna. Das Buch ist gespickt mit kleinen Geschichten und Biografien und auf Fanø in Geschäften und Museen erhältlich.*
- *Morten Hahn-Pedersen:* ***Fanø in der Ära der Segelschiffe.*** *Das 48 Seiten umfassende Buch gibt einen Überblick über den Schiffbau auf Fanø, als die Insel noch ein Zentrum der Seefahrt war. Das Buch wird in der Fanø Schifffahrts- und Trachtensammlung* **14** *verkauft.*
- *Maritta G. Demuth:* ***111 Gründe, Dänemark zu lieben.*** *In der „Liebeserklärung an das schönste Land der Welt" schreibt die Autorin in humorvoller Weise über Hygge, Wind und Wetter, die dänischen Inseln, das Leben in Dänemark und all die Gründe, die sie davon abhalten, das Land jemals wieder zu verlassen. 2016, Verlag Schwarzkopf & Schwarzkopf, Berlin.*
- *Ellen Leonhardt:* ***Schiffsjunge Anders Mikkelsen List von Rømø.*** *Auf 94 Seiten wird die dramatische Geschichte des Schiffsjungen erzählt, der 1777 als Überlebender eines untergegangenen Walfangschiffs unter schweren Strapazen über das Eis nach Grönland gelangte und dort unter schwierigsten Bedingungen überwinterte (s. auch S. 46). Das Buch wird in deutscher Übersetzung im Laden des Naturcenters Tønnisgård* **2** *auf Rømø verkauft.*

- **www.romo.dk:** Website von Visit Rømø & Tønder, der Tourismuszentrale der Gemeinde Tønder, zu der Rømø gehört. Im Reise-Guide findet man Unterkünfte, Infos zu Shopping, Restaurants, Events und jede Menge Tipps für Rømø und Tønder.
- **www.vadehav.dk:** Die Website des Vermittlerforums Wattenmeer informiert in ihrem Urlaubs-Guide über das dänische Wattenmeer im Allgemeinen.

Publikationen und Medien

Überregionale deutschsprachige Zeitungen erhält man in Supermärkten auf beiden Inseln. In der Touristeninformation auf Fanø (s. S. 76) liegt der praktische **„Fanø Guiden"** aus, eine dreisprachige Zeitschrift (dänisch, deutsch, englisch), die jährlich erscheint und die wichtigsten Sehenswürdigkeiten beschreibt und Adressen sowie Beschreibungen von Läden, Restaurants u. a. enthält.

Visit Rømø veröffentlicht wöchentlich einen Veranstaltungskalender, der darüber informiert, welche Aktivitäten auf Rømø stattfinden. Der Kalender liegt jeweils montags in der Touristeninformation (s. S. 48) aus.

Internet

In Hotels, Ferienhäusern und auf Campingplätzen wird in der Regel kostenloses **WLAN** angeboten. Man wählt sich über ein Passwort bzw. einen Zugangscode ein.

Medizinische Versorgung

Für den Notfall sollte man unbedingt die **Europäische Krankenversicherungskarte** dabeihaben, damit keine Kosten anfallen. Touristen haben im Falle eines Unfalls, einer plötzlich auftretenden Krankheit, bei Geburt oder der unerwarteten Verschlimmerung eines chronischen Leidens Anspruch auf eine kostenfreie Behandlung in dänischen **Krankenhäusern.** Die Behandlung in **Arztpraxen** muss allerdings häufig direkt bezahlt werden. Die Rechnung kann man nach dem Urlaub mit der eigenen Krankenkasse abrechnen. Die Kosten werden erstattet, sofern sie nicht über dem deutschen ärztlichen Gebührensatz liegen. Ist eine **Auslandskrankenzusatzversicherung** vorhanden, übernimmt diese die zusätzlichen Kosten.

Rømø

Auf Rømø gibt es weder Ärzte noch Apotheken. Zur medizinischen Versorgung müssen Mensch und Vierbeiner über den Damm nach Skærbæk.

› **Ärzte-Haus-Skærbæk und Notdienst** <104> Lægehuset, Storegade 51, Skærbæk, Tel. 74751003, www.laegehusskaerbaek.dk, geöffnet: tägl. 8–16 Uhr (Deutsch wird verstanden).

› Die Nummer des **ärztlichen Notdienstes** lautet Tel. 70110707.

› **Zahnarzt (Tandlægehuset) Skærbæk** <105> Havevej 30, Skærbæk, Tel. 74751811. Termine nur nach telefonischer Vereinbarung. Der zahnärztliche Notdienst befindet sich in Esbjerg in der Nørregade 63 a, Tel. 65414551.

› **Skærbæk Apotek** <106> Storegade 40, Skærbæk, Tel. 74751323, www.skaerbaekapotek.a-apoteket.dk, geöffnet: Mo.–Fr. 9–17.30 Uhr, Sa. 9–13 Uhr. Wochenende und nachts: Kroneapotek, Kongensgade 36, Esbjerg, Tel. 75129211 (immer erst anrufen!).

Fanø

■ **Ärztezentrum Fanø** <107> Vestervejen 1c, Nordby, Tel. 75163222, www.lægehusetfanø.dk. Tel. nach 16 Uhr: 70110707, geöffnet: Mo.–Fr. von 8–16 Uhr (Do. bis 17 Uhr). Gesundheitszentrum mit Ärzten (auch deutschsprachig) und Dialyse-Klinik. Sollte ein notfallmäßiger Krankenhausaufenthalt nötig werden, stehen Rettungswagen und Fähre bereit.

› Die Nummer des **ärztlichen Notdienstes** lautet Tel. 70110707.

■ **Zahnarzt Stephen Vestbirk** <108> Toldbodvej 1, Nordby, Tel. 75120359. Termin nur nach telefonischer Vereinbarung.

■ **Fanø Apotek** <109> Hovedgaden 64, Nordby, Tel. 75162023, geöffnet: Mo.–Fr. 9–17 Uhr, Fr. bis 17.30 Uhr, Sa. 9–13 Uhr

Notfälle

Die **allgemeine Notrufnummer** für Polizei, Feuerwehr und Krankenwagen ist die **112.** Nachdem der Notruf gewählt wurde, kommt eine Ansage wie: „Du har kaldt alarm 112 [et-et-to] – vent venligst – hold forbindelsen til alarm 112 [et-et-to].“ Dadurch bitte nicht verunsichern lassen, sondern einfach warten, denn man wird automatisch mit jemandem verbunden.

■ **Polizeidienststelle Fanø** <110> Mellemgaden 17, Nordby, Tel. 75161448

› **Polizeidienststelle Rømø** <111> Hattesvej 17, Tel. 74755324 und 72584613

› **Polizeidienststelle Skærbæk** <112> Kagebøl 27, Tel. 74751428

Kartensperrung

Bei Verlust der Maestro-(EC-) oder der Kreditkarte gibt es für Kartensperrungen eine **deutsche Zentralnummer** (unbedingt vor der Reise klären, ob die eigene Bank diesem Notrufsystem angeschlossen ist).

Achtung: Mit der telefonischen Sperrung sind die Karten zwar für die Bezahlung/Geldabhebung mit PIN gesperrt, nicht jedoch für das **Lastschriftverfahren mit Unterschrift.** Man sollte daher auf jeden Fall den Verlust zusätzlich bei der Polizei zur Anzeige bringen, um gegebenenfalls auftretende Ansprüche zurückweisen zu können.

In **Österreich** und der **Schweiz** gibt es keine zentrale Sperrnummer, daher sollten sich Besitzer von in diesen Ländern ausgestellten Maestro-(EC-) oder Kreditkarten vor der Abreise bei ihrem Kreditinstitut über den zuständigen Sperrnotruf informieren.

Generell sollte man sich immer die **wichtigsten Daten** wie Kartennummer und Ausstellungsdatum separat notieren, da diese unter Umständen abgefragt werden.

› **Deutscher Sperrnotruf:** Tel. +49 116116 oder Tel. +49 3040504050
› **Weitere Infos:** www.kartensicherheit.de, www.sperr-notruf.de

Öffnungszeiten

Im Allgemeinen haben **Geschäfte** in Dänemark montags bis donnerstags von 9/10 Uhr bis 17.30/18 Uhr, freitags bis 19/20 Uhr und samstags von 10 Uhr bis 13/14 Uhr geöffnet. Viele Geschäfte auf Fanø und Rømø haben jedoch ihre eigenen Geschäftszeiten oder nur in der Sommersaison geöffnet.

Im Garten des Restaurants Aroma (s. S. 78) in Nordby auf Fanø kann man schön sitzen, allerdings wird meist schon um 18 Uhr geschlossen

078rf-cl

Die meisten **Restaurants** haben schon um 20.30/21 Uhr bzw. in der Hauptsaison um 22 Uhr Küchenschluss. **Banken** haben werktags von 10 bis 16 Uhr und donnerstags bis 17.30 Uhr geöffnet.

Post

Postämter im eigentlichen Sinne gibt es auf Fanø und Rømø nicht. Kleine Postfilialen sind im Supermarkt Let Køb (s. S. 51) auf Rømø und in der Buchhandlung Fanø Boghandel (s. S. 80), wo man auch Briefmarken kaufen kann.

Das **Porto** für einen Brief oder eine Postkarte nach Deutschland und innerhalb Europas beträgt einheitlich 25 dkr (ca. 3,30 €). Die **Briefkästen** in Dänemark sind rot.

Sprache

Auf beiden Inseln spricht man **Dänisch.** Wer der Sprache nicht mächtig ist, hat trotzdem keine Probleme, denn die meisten Insulaner sprechen aufgrund der Nähe zu Deutschland auch **Deutsch**, vor allem auf Rømø.

Im Anhang dieses Reiseführers befindet sich eine kleine Sprachhilfe Dänisch, die einem dabei hilft, die wichtigsten landessprachlichen Begriffe zu lernen.

Telefonieren

Alle dänischen Telefonnummern, auch die auf Fanø und Rømø, haben acht Ziffern. **Eine Ortsvorwahl gibt es nicht** und somit auch keine 0 vor den Ziffern, wenn man aus einem anderen Ort anruft. Die örtliche **Telefonauskunft** ist unter 118 zu erreichen, die internationale unter 113. Die internationale **Vorwahl für Dänemark lautet 0045**, danach folgt die achtstellige Rufnummer.

Ab Juni 2017 gibt es in der EU keine **Roaminggebühren** mehr. Damit ist das Telefonieren und Surfen mit dem Handy im EU-Ausland so günstig wie zu Hause – es sei denn, man nutzt das Handy im Ausland über einen längeren Zeitraum hinweg, dann können je nach Anbieter Nutzungsobergrenzen gelten. Alternativ kann man sich für eine **dänische SIM-Karte** entscheiden, die es in Postämtern, Kiosken und den Touristeninformationen auf der ganzen Insel gibt. Dänische Prepaid-Karten können vor dem Urlaub auf www.prepaid-dk-info.de auch online erworben werden.

Vorwahlen

- **Dänemark:** 0045
- **Deutschland:** 0049
- **Österreich:** 0043
- **Schweiz:** 0041

ANHANG

080rf-cl

Kleine Sprachhilfe Dänisch

Die Sprachhilfe entstammt dem Kauderwelsch-Sprachführer „Dänisch – Wort für Wort" aus dem Reise Know-How Verlag.

Aussprache

Hier sind diejenigen Buchstaben(kombinationen) aufgeführt, deren Aussprache abweichend vom Deutschen ist bzw. sein kann.

a	kurzes/langes „a" oder „ä"
å	kurzes/langes „o" wie in „doch" / „Hose"
æ	kurzes/langes „ä" wie in „Äste" / „zählen"
ø	kurzes/langes „ö" wie in „Hölle" / „hören"
y	kurzes/langes „ü" wie in „Müll" / „fühlen"
eg, ej, ig	wie „ai" in „Hai"
øj, øg	wie „oi"
øv	wie „öu" (zusammengezogen gesprochen)
eu, ev, äv	wie „äu", aber getrennt wie „Näh-Utensilien"
iv	wie „iu" (zusammengezogen gesprochen)
yv	wie „üu" (zusammengezogen gesprochen)
ov, og	„ou", wie „o" in englisch „go"; in einer unbetonten Silbe wie „o"
ag	vor Mitlaut wie „au" in „Maul"; vor Selbstlaut oder am Wortende „ä"
av	wie „au" in „Maul"
af	als Vorsilbe wie „au" in „Maul"
c	vor **e, i, y, æ, ø** stimmloses „s" in „Wasser" vor **o, u, å** wie „k" in „Kartoffel"
d	Nach **g, l, n** ist das **d** stumm. Zwischen zwei Selbstlauten oder nach einem Selbstlaut am Wortende hört es sich wie das weiche engl. „th" in „these" an.
g	zwischen Selbstlauten wie „w" nach **o, u, å** wie „j" nach **a, e, i, y, æ, ø**; vor **l** stumm
h	am Wortanfang vor **j** und **v** stumm
k, p, t	in der Silbenmitte wie **g, b, d**
r	nach Selbstlaut kaum hörbar wie in „sehr"
s	stimmlos wie „ss" in „Wasser"
v	wie „w" in „Wasser"
z	stimmloses „s" wie in „Wasser"

Die wichtigsten Richtungsangaben

til højre/venstre	till hoier/wänstre	nach rechts/links
lige ud	lije uul	geradeaus
på den modsatte side	po den molsädde side	gegenüber
langt/i centrum	langt/i sentrum	weit/im Zentrum

+++ Die wichtigsten Wörter mit dem Bonus-Audiotrack des Kauderwelsch-

i nærheden	i närheden	in der Nähe
(lige) her/der	(lije) här/där	(gleich) hier/dort
udenfor byen	ulenfor büün	außerhalb der Stadt
kryds/trafiklys	krüss/trafiglüüs	Kreuzung/Ampel
om hjørnet	om jörned	um die Ecke

Die wichtigsten Fragewörter

hvem?	wämm	wer?, wem?, wen?
hvad?	wäll	was?
hvordan?	wordän	wie?
hvor?	wor	wo?, wie?
hvorfra? – hvorhen?	worfra – worhän	woher? – wohin?
hvor meget/længe?	wormall/worlänge	wie viel?/wie lange?
hvorfor?	worfo	warum?
hvornår?	worno	wann?

Wochentage

mandag	männdäj	Montag
tirsdag	tiirsdäj	Dienstag
onsdag	onsdäj	Mittwoch
torsdag	torsdäj	Donnerstag
fredag	fredäj	Freitag
lørdag	löördäj	Samstag
søndag	sönndäj	Sonntag

Zahlen

0	**nul**	null	18	**atten**	äddn
1	**en**	een	19	**nitten**	niddn
2	**to**	to	20	**tyve**	tüwe
3	**tre**	tree	21	**enogtyve**	eenotüwe
4	**fire**	fier	22	**toogtyve**	tootüwe
5	**fem**	fem	23	**treogtyve**	treeotüwe
6	**seks**	sex	30	**tredive**	trelwe
7	**syv**	süu	40	**fyrre**	för
8	**otte**	ode	50	**halvtreds**	hälträs
9	**ni**	ni	60	**tres**	träs
10	**ti**	ti	70	**halvfjerds**	hälfjärs
11	**elleve**	elwe	80	**firs**	fiers
12	**tolv**	toll	90	**halvfems**	hälfäms
13	**tretten**	treddn	100	**hundrede**	hundrede
14	**fjorten**	fiordn	200	**tohundrede**	tohundrede
15	**femten**	femdn	1000	**tusind**	tusn
16	**seksten**	saisdn	2000	**totusind**	totusn
17	**sytten**	süddn	1 Mio.	**en million**	een million

Die wichtigsten Fragen und Bitten

Findes der ...? finnes där	Gibt es ...?
Har du ...? haar du	Haben Sie ...?
Jeg leder efter ... jai leder efter	Ich suche ...
Jeg vil gerne have ... jai will gerne häw	Ich hätte gerne ...
Hvor kan man købe ...? wor kä man köbe	Wo kann man ... kaufen?
Hvad koster ...? wä koster	Wie viel kostet ...?
Hvor ligger / er ...? wor ligger / är	Wo liegt / ist ...?
Jeg vil til ... jai will till	Ich möchte nach ...
Hvor langt er der til ...? wor langt är där till	Wie weit ist es bis nach ...?
I hvilken retning ligger ...? i wilken rätning ligger	In welcher Richtung liegt ...?
Hvornår afgår færgen til ...? wornor augor färwen till	Wann geht die Fähre nach ...?
Findes der en toget til ...? finnes där en towet till	Gibt es einen Zug nach ...?

Die wichtigsten Floskeln

ja – nej jä – nai	ja – nein
tak – værsgod tak – wärsgo	danke – bitte
Det var så lidt! de war so litt	Keine Ursache!
God morgen! gomoorn	Guten Morgen!
Goddag! goddä	Guten Tag!
God aften! goafden	Guten Abend!
Farvel! farwell	Auf Wiedersehen!
Hvordan går det? wordän gor de	Wie geht's?

Det går. de gor	Es geht.
Tak, fint. tak fint	Danke, gut.
Udmærket. udmärked	Ausgezeichnet.
Hej! haj	Hallo!
Vi ses! wi sees	Bis bald!, Ciao!
Velbekomme! wälbekomme	Guten Appetit!
Skål! skool	Prost!
Jeg vil gerne betale. jai will gerne betäle	Ich möchte gern zahlen.
Til lykke med ... till lügge mel	Herzlichen Glückwunsch zu ...
Held og lykke! held og lügge	Viel Glück!
Undskyld! unsküld	Entschuldigung!
Det er jeg ked af! de är jai kelä	Das tut mir leid!
Det er synd. de är sünd	Das ist schade.
Kan du hjælpe mig? kä du jälpe mai	Können Sie mir helfen?

Nichts verstanden? – Weiterlernen!

Det har jeg ikke forstået.
de har jai igge forsdoed
Das habe ich nicht verstanden.

Jeg taler kun lidt dansk.
jai täler kun litt dänsk
Ich spreche nur ein bisschen Dänisch.

Er der nogen, som taler tysk?
är der noen som täler tüsk
Spricht hier jemand Deutsch?

Vil du være så venlig at gentage?
will du wär so wännli ä gentäe
Würden Sie bitte wiederholen?

Det forstår jeg ikke.
de forstoor jai igge
Das verstehe ich nicht.

Hvad behager?
wäbehaar
Wie bitte?

Hvad for noget?
wäforno-et
Wie bitte?

En gang til!
een gang till
Noch einmal!

Das komplette Programm zum Reisen und Entdecken von

REISE KNOW-HOW

- **Reiseführer** – alle praktischen Reisetipps von kompetenten Landeskennern
- **CityTrip** – kompakte Informationen für Städtekurztrips
- **CityTrip**PLUS – umfangreiche Informationen für ausgedehnte Städtetouren
- **InselTrip** – kompakte Informationen für den Kurztrip auf beliebte Urlaubsinseln
- **Wohnmobil-Tourguides** – alle praktischen Reisetipps für Wohnmobil-Reisende
- **Wanderführer** – exakte Tourenbeschreibungen mit Karten und Anforderungsprofilen
- **KulturSchock** – Orientierungshilfe im Reisealltag
- **Kauderwelsch Sprachführer** – vermitteln schnell und einfach die Landessprache
- **Kauderwelsch plus** – Sprachführer mit umfangreichem Wörterbuch
- **world mapping project™** – aktuelle Landkarten, wasserfest und unzerreißbar
- **Edition REISE KNOW-HOW** – Geschichten, Reportagen und Abenteuerberichte

Zu Hause und unterwegs – intuitiv und informativ

▶ www.reise-know-how.de

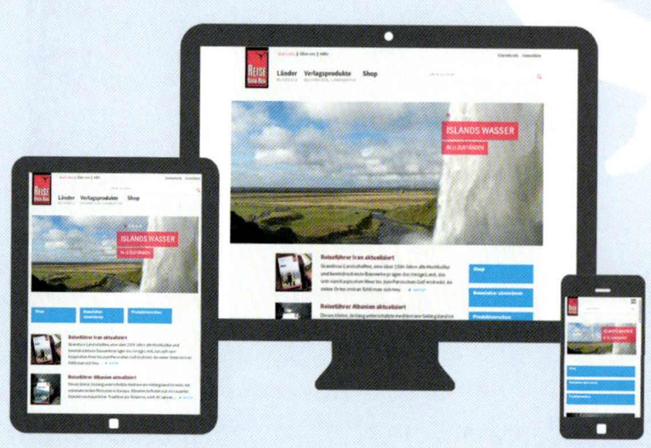

- **Immer und überall** bequem in unserem Shop einkaufen
- Mit **Smartphone, Tablet** und **Computer** die passenden Reisebücher und Landkarten finden
- **Downloads** von Büchern, Landkarten und Audioprodukten
- Alle **Verlagsprodukte** und **Erscheinungstermine** auf einen Klick
- **Online** vorab in den Büchern **blättern**
- Kostenlos **Informationen, Updates** und **Downloads** zu weltweiten Reisezielen abrufen
- **Newsletter** anschauen und abonnieren
- Ausführliche **Länderinformationen** zu fast allen Reisezielen

Register

084rf-cl

Mit dem Parkverbot nimmt man es nicht immer ganz so genau

Schreiben Sie uns

Dieses Buch ist gespickt mit Adressen, Preisen, Tipps und Daten. Unsere Autoren recherchieren unentwegt und erstellen alle zwei Jahre eine komplette Aktualisierung, aber auf die Mithilfe von Reisenden können sie nicht verzichten. Darum: Teilen Sie uns bitte mit, was sich geändert hat oder was Sie neu entdeckt haben. Gut verwertbare Informationen belohnt der Verlag mit einem Sprachführer Ihrer Wahl aus der Reihe „Kauderwelsch“.

Kommentare übermitteln Sie am einfachsten, indem Sie die Web-App zum Buch aufrufen (siehe Umschlag hinten) und die Kommentarfunktion bei den einzelnen auf der Karte angezeigten Örtlichkeiten oder den Link zu generellen Kommentaren nutzen. Wenn sich Ihre Informationen auf eine konkrete Stelle im Buch beziehen, würde die Seitenangabe uns die Arbeit sehr erleichtern. Unsere Kontaktdaten entnehmen Sie bitte dem Impressum.

Impressum

Cornelia Lohs

InselTrip Rømø und Fanø

1. Auflage 2017

ISBN 978-3-8317-2965-4
Printed in Germany

Druck und Bindung: Media-Print, Paderborn

Herausgeber: Klaus Werner, Ulrich Kögerler
Layout: amundo media GmbH (Umschlag, Inhalt), Peter Rump (Umschlag)
Lektorat: amundo media GmbH
Karten: Ingenieurbüro B. Spachmüller, amundo media GmbH
Anzeigenvertrieb: KV Kommunalverlag GmbH & Co. KG, Alte Landstraße 23, 85521 Ottobrunn, Tel. 089 928096-0, info@kommunal-verlag.de
Kontakt: Osnabrücker Str. 79, 33649 Bielefeld, info@reise-know-how.de

Bildnachweis

Umschlagvorderseite und Umschlagklappe rechts: Cornelia Lohs
Soweit ihre Namen nicht vollständig am Bild vermerkt sind, stehen die Kürzel an den Abbildungen für die folgenden Fotografen, Firmen und Einrichtungen. Cornelia Lohs: cl | Christel Seyfarth: cs | Fanø Turistbureau: ft | fotolia.com: fo | dreamstime.com: dt